AF366503

DON QUICHOTTE

A PARIS.

DON QUICHOTTE

A PARIS.

TOME TROISIÈME.

———

A PARIS,

Chez PIGOREAU, Libraire, place Saint-Germain-l'Auxerrois.

[AN XII. — 1804.

DON QUICHOTTE

A PARIS.

TROISIÈME PARTIE.]

CHAPITRE XXIX.

Le marquis tranquillise le seigneur Quexada, qui va trouver Louis XVI pour implorer son secours. La pièce curieuse. Entrevue de Sancho et de madame de Trognac. Accident sur accident.

Le marquis sachant bien que le seigneur Quexada retourneroit dans son hôtel, se mit en deuil et vint le consoler dès le matin. Il est vrai, marquis, dit don Quichotte, que je suis né mal-

Tome III.   A

heureux. Ce qu'il y a de plus fâcheux pour moi, c'est que je dissipe mes capitaux. Monseigneur, dit Sancho, j'avois raison de vous observer que le diable mettoit son nez par-tout. Par ma foi, promesse de grand n'est pas héritage, je commence à le croire. Ce n'est pas la faute du prince défunt, reprit M. de Brettencour, ceci devoit arriver. Au reste, je suis sur le point de partir pour Barnagas, puisque ma mission vient de cesser. Soyez sûr que je ferai tout ce qui dépendra de moi pour que la donation qui vous a été faite, soit valide. Mais lui objecta don Quichotte, que ferai-je donc des effets que j'ai achetés. — Eh bien ! vous les garderez jusqu'à nouvel ordre. Avant le mois, vous saurez à-coup-sûr à quoi vous en tenir. Comptez toujours sur mon empressement à vous obliger. Il sortit ensuite et laissa le grand-veneur dans ses tristes réflexions. Celui-ci ayant rêvé quelque temps la tête appuyée sur ses coudes: Je vais, dit-il, intercéder la cour de France en ma faveur, et je saurai bientôt si je dois régner sur les Iroquois ou rester tel que je suis. Et moi, répondit Sancho, je vais continuer de courtiser madame de Trognac, car elle m'a donné tout de bon dans la visière. Ainsi, l'un avoit besoin d'une armée pour s'emparer d'une couronne imaginaire, et l'autre étoit comme assuré de sa conquête.

Le grand-veneur eut donc la simplicité de se rendre à Versailles, pour supplier le roi de le soutenir dans ses folles prétentions. Mais, lui dit sa majesté, qui ne trouvoit pas étrange qu'il eût été berné de la sorte, où est donc le titre qui vous assure un droit sur le grand duché dont vous me parlez? Sire, le voici: Le chevalier n'a-

voit pas oublié de se munir de l'acte
suivant, bien conforme à l'original.

« Sa hautesse le prince Mogolin
» Sélim II, fils du Soleil, lieutenant
» des Prophêtes, roi de Barnagas et
» autres possessions d'outre - mer,
» n'ayant pas d'héritiers présomptifs
» de ses couronnes, et voulant éviter
» les guerres que l'ambition peut sus-
» citer à l'avenir dans ses états, après
» avoir imploré l'assistance du très-
» haut et consulté les intimes favoris
» de son conseil, résigne et donne la
» propriété du grand duché des Iro-
» quois à son illustrissime et très-fa-
» meux cousin le seigneur Quexada,
» ci-devant don Quichotte de la Man-
» che, chevalier de Saint-Jacques,
» grand-veneur de France, comman-
» deur de l'ordre du Colibri, vicomte
» de Falaise, seigneur de Figeac et
» autres lieux: en se réservant toute-

» fois la suzerainneté que ledit sei-
» gneur reconnoîtra rester au prince,
» en lui rendant foi et hommage
» comme cela se pratique de temps
» immémorial ; avec la clause ex-
» presse qu'il prendra possession de
» son trône du vivant du donateur.
» Ibrahim et Zulmé, notaires du
» sérail.

» Nous, roi de Barnagas, enjoignons
» et ordonnons à notre ambassadeur
» à Paris, de porter lui-même le pré-
» sent acte à sa seigneurie le grand-
» veneur, et de lui dire de notre part
» de se conformer incessamment à
» notre volonté royale. Fait au sérail
» de notre résidence, le troisième jour
» de la lune, l'an vingt-sept de notre
» règne. *Signé* Selim. *Plus bas*, par
» le roi, Mehemet ».

Le roi sourit après cette lecture.
Malheureusement, lui dit sa majesté,

il y a une clause dans cet acte qui vous est tout-à-fait contraire. Comme vous n'avez pas été mis en possession du vivant du prince, le droit que vous avez sur ce grand duché tombe de lui-même. Au reste, attendez des nouvelles de votre fondé de pouvoir, je verrai s'il y a moyen de vous aider d'une flotte. Adieu, M. le chevalier.

Sa majesté voulut une copie de cet acte singulier, pour apprendre à la cour que le commandeur de Colibri vouloit absolument régner sur les habitans de Visenlair. On peut juger des éclats de rire que cela dut exciter, et montrer à quel excès d'ambition la manie des titres peut porter un pauvre gentilhomme.

Le chevalier de Rambouillet eut lieu d'être content de sa maîtresse, car en le voyant de retour, elle lui sauta au cou, en pleurant de joie. Connoissant d'ailleurs son bon appé-

tit, elle le régala bien, et leur entrevue se termina par une promesse de
mariage qu'ils se firent mutuellement.
Mais le rustre devoit encore passer
par d'autres épreuves. Un véritable
historien ne doit rien taire de ce qu'il
sait. Honni soit qui mal y pense.

Sancho passant donc près la Halle-
au-Bled entre chien et loup, fut arrêté
par une fille et pressé fortement de
monter chez elle. Comme il étoit plus
gaillard que de coutume, par la bonne
réception qui lui avoit été faite par sa
dulcinée; il suivit cette seconde fé-
melle dans sa chambre. Monsieur, lui
dit-elle, vous arrivez à la bonne heure,
le couvert est mis, placez-vous à côté
de moi, vous souperez. — Je vous
remercie, madame, il n'y a pas long-
temps que j'ai dîné. — Allons, mon
petit cœur, ne me refusez pas, vous ne
savez pas ce que vous gagnerez. On
sait que notre chevalier avoit l'esto-

mac très-chaud, et qu'un repas de plus pour lui, n'étoit qu'une bagatelle. Il se mit donc à table, et le tête à tête se passa si bien, qu'il fut convenu que le même lit serviroit à deux. On rit, on s'amusa jusqu'à minuit et on parla de se coucher. La nouveauté de l'aventure plaisoit à Sancho, il ne falloit pas soupirer, faire des visites et s'épuiser en fades complimens. On alloit droit au fait. Cette manière de jouir, quoique peu délicate, ne manque pas de partisans, qui n'ont à la fin que des regrets et du repentir. Mais que faire? nous sommes tous fragiles. Le moyen le plus sûr de résister à l'attrait du plaisir, seroit de se représenter alors un précipice affreux dont on doit soigneusement éviter les bords trop glissans.

Sancho toujours peu méfiant se couche le premier, après avoir jeté ses culottes sur une chaise. Sa compagne

tout en plaisantant, s'empare de ses
bijoux et de sa bourse et va le trouver. A peine avoit-on posé la tête sur
le coussin, qu'on entend frapper à la
porte à coups redoublés. Ah ! monsieur, dit la dévergondée, voici la police. Vîte, levez-vous, prenez vos culottes, j'aurai le temps de vous cacher
dans un cabinet voisin. Notre idiot se
met sur pied dans un clin d'œil, et suit
la belle qui le fait entrer dans une espèce de boudoir. La porte est ensuite
ouverte à deux coupe-jarrets qui viennent s'informer si la rencontre est
bonne ce soir-là. Dans l'affirmative,
on partage gaiement la dépouille du
nouveau débarqué, sans s'inquiéter
de ce qu'il doit devenir.

L'amoureux déconfit attendoit que
la police eût fait sa visite ; mais elle
duroit si long-temps, qu'il s'impatien-
toit. Las d'attendre, il frappe, personne ne répond ; il frappe encore,

tout dort ; il jure, il peste inutilement,
il ne voit ame qui vive. S'ennuyant
de plus en plus, il ouvre une porte et
passe dans le corridor ; il avance quelques pas et monte un escalier de six
marches. L'endroit où il se trouve, est
une espèce de garde-meuble, où est
déposée une grande malle qui n'étoit
pas fermée à la clef. Il est curieux de
savoir ce qu'elle contient ; sa peine
n'est pas tout-à-fait perdue, car il y
découvre des mets dont il est friand.
Dans un des bouts de la malle, étoit
une séparation où étoient arrangés pro-
prement deux larges pâtés en croûte,
des brioches, quelques pains au lait et
un panier de douze bouteilles de vin
blanc. Le reste étoit rempli de hardes
de religieuse, telles que chemises,
guimpes, jupons et bandeaux : le tout
d'un finesse achevée. Ceci lui paroît
un don du ciel. Il oublie bientôt son
désagrément et se rassure en vidant
une bouteille.

Cependant il s'apperçoit du crépuscule. L'inquiétude commence à s'emparer de son esprit. Comment s'y prendre pour descendre dans l'état où il est. Toute réflexion faite, il peut se cacher dans la malle en cas de surprise. Elle est assez spacieuse pour qu'il puisse s'y placer, sans trop d'incommodité. En attendant, il est tenté de donner un assaut à l'un des pâtés ; mais au préalable, il s'affuble d'un vêtement de religieuse, qui appartenoit, je crois, à une dame du tiers-ordre. Comme il cherchoit à casser un morceau de croûte, il entend monter du rez-de-chaussée plusieurs personnes qui parloient assez haut pour se faire entendre. Elles venoient chercher la malle. Notre Sancho s'en doutant, étoit comme la souris qui, au moindre bruit, n'a d'autre ressource que de gagner son trou. Il en fait autant, il se met vîte au fond du

coffre et se couche sur le dos, de manière qu'il est couvert par les hardes,
à l'exception de la figure, dont un
simple mouchoir peut dérober la vue
aux indiscrets.

Les portefaix arrivent, suivis d'une
vieille dame qui se contente de passer
la chef dans la serrure, sans visiter de
nouveau les effets dont nous parlons.
Ils sont aussitôt descendus et trans-
portés au couvent des dames du tiers-
ordre. Les valets de service à la communauté les remettent à la sœur Séraphine, sur les trois heures du soir.
La religieuse a seulement le temps
d'ouvrir sa malle et de considérer tant
soit peu, ce qui lui est envoyé de la
part d'une tante, qui lui sera toujours
chère. Joyeuse d'y voir ce qui flatte
son goût, elle rabbat le couvercle sans
le fermer à la clef, et se rend à vêpres qui auroient pu sonner plus à
propos.

CHAPITRE XXX.

Cellule de sœur Séraphine. Conversation intéressante. Sancho transformé en sylphe.
Comment il sort d'un couvent de filles où
il est transféré.

SANCHO respirant à peine par la
crainte qu'il avoit d'être surpris, sou-
lève un peu la tête; il ouvre son joli
tombeau, et pour ne pas manquer son
dîné, il avale d'abord un coup de vin
et dévore un coin du pâté qu'il avoit
déjà tenté de rompre. Il jette ensuite
un regard curieux sur l'endroit où il
est jeté par hasard.

Mais, comment pouvoir décrire ce
lieu enchanté! ce trône de la mère
des amours! La cellule de sœur Sé-

raphine est d'une propreté infinie. On pouvoit se mirer dans un parquet tout neuf. Le plafond étoit orné de festons et de guirlandes. On y voyoit par intervalle deux pigeons se becqueter, et l'amour malin leur lançoit un de ses traits. Les meubles étoient assortis à la petitesse du local, et d'ailleurs à la mode. Ici, étoit une commode d'un bois rare et précieux. Là , un prie-Dieu qui étoit un chef-d'œuvre dans son genre. Une cheminée de marbre d'un blanc d'albâtre , portoit une glace et des cartons de fleurs. La couche enfoncée dans une alcove étoit élégante; la ouate , la frise et la soie composoient sés garnitures. Des rideaux verts tempéroient l'éclat de la lumière, et donnoient à souhait un demi-jour à la vierge sacrée. Un damas petit-jaune égal à celui de la couche , y servoit de tentures. Des estampes d'une gravure fine , étoient disposées avec ordre çà et là. Elles représentoient de jeunes cénobites enflammés de l'amour divin. On devinoit à les voir, qu'ils étoient du nombre des élus. Ce qui frappoit le plus dans l'assortiment de ces tableaux, étoit Adam et Eve dans l'état de nature ; ils étoient vraiment dignes d'être appelés nos premiers pères, par leur prestance et les contours de leurs belles formes : je ne sais si notre sœur n'alloit pas les admirer de temps en temps. Au reste, admirer, n'est pas pécher. N'allons pas nous scandaliser mal à propos. A côté du lit étoit un Abeilard et une Héloïse, dont le faux jour faisoit mieux ressortir la touche d'un habile artiste. Enfin, des pots de fleurs formoient un petit parterre, solidement adossé à d'une des croisées, d'où la fille du seigneur pouvoit à son loisir cueillir le jasmin d'Espagne et le rézeda. Quel mortel assez heureux pour pénétrer dans ce char- mant réduit, n'auroit pas été embau- mé par ces odeurs suaves ! O mon cher lecteur ! que n'y êtes-vous entré, vous auriez renchéri sur ma des- cription ! N'importe, il n'étoit pas trop pompeux, puisqu'il servoit de séjour à la beauté.

Séraphine avoit seize ans lorsqu'elle fit profession. Depuis vingt mois en sus, elle vivoit en recluse ; née pour aimer, elle baisoit et rebaisoit un joli serin, qui lui rendoit ses caresses avec usure. Elle avoit une taille au-dessus de l'ordinaire et bien dessinée ; un teint mêlé de lys et de roses, des traits délicats et sur-tout des yeux, une bouche, un sourire, un ton de voix qui auroient enlevé tous les cœurs. C'étoit un corps à peindre dans son ensemble, et Vénus elle-même ne sauroit être plus belle, ni mieux tournée.

Sancho quoique surpris de ce qu'il

voyoit, ne prenoit pas un grand plaisir à considérer sa nouvelle demeure ; il étoit inquiet de l'avenir. Quoi qu'il en soit, nous verrons s'il étoit d'humeur à préférer la fauvette à sa jolie cage. Il eut toujours l'attention de se cacher dans une encoignure, d'où il pouvoit tout voir et tout entendre, à l'aide d'une vitre qui se trouvoit fort bien placée. Heureusement qu'il n'y fut pas dérangé.

Vêpres une fois dites, il vit entrer deux anges : Sœur Séraphine et son amie sœur Sainte-Agathe. C'étoit une beauté d'un autre genre, elle étoit blonde et l'autre étoit brune. Ma bonne, dit la première, je t'annonce que j'ai reçu mes hardes : ma chère tante n'a pas oublié de m'envoyer quelque chose de bon ; je veux t'en faire part. Elle ouvre sur-le-champ la malle, et prend le pâté qui n'étoit pas entier. Ah ! mon dieu, le cahotement a sans doute brisé

Tome III.   B

ce bonbon. Voyons pourtant s'il est bien assaisonné. Voici du vin blanc, j'imagine qu'il n'est pas mauvais, nous en goûterons. Nos deux belles mangeoient d'un bon appétit, en écoutant parfois, si personne ne passoit ; car elles risquoient d'être trouvées ensemble. La conversation s'engageoit tout bas, sur leur sort actuel, sur des lectures secrètes qu'elles se communiquoient : elles se faisoient de petites ouvertures de cœur en se baisant amicalement. Ma chère, disoit sœur Séraphine, est-il bien dans la nature, que les femmes soient cloîtrées toute leur vie ? ne sont-elles pas plutôt nées pour vivre dans le siècle ? Dieu nous a-t-il donc créées, pour être ensevelies toutes vives dans un tombeau ! hélas ! qu'avons-nous fait ! on ne sait pas toujours à seize ans, qu'il est un doux penchant qui domine la plupart d'entre nous ! Tu as raison, lui répondit Sainte-

Agathe, mais tu n'es pas si malheureuse que moi ; tu as été libre de t'en-
gager dans ton état. Pour moi j'ai été
forcée de prendre le voile ; des parens
barbares m'ont entraînée à l'autel malgré moi : le sacrifice n'a pas été agréable
à Dieu sans doute. Hé bien ! ils répon-
dront de mon peu de vocation, lorsqu'ils paroîtront devant son tribunal
redoutable ; je souhaite cependant de
m'habituer à ce train de vie. Ah ! oui,
ma chère, je crois pouvoir m'y habituer tant que nous serons inséparables.
Je n'ai qu'un soutien, je n'ai qu'une
seule amie dans le monde, et c'est toi.
Ces deux intimes se serrèrent alors
tendrement en versant des larmes.

Qu'il est dur encore une fois, poursuivit Sainte-Agathe, d'être séparées
de ces êtres charmans qui auroient
fait notre bonheur. Oui, je t'avoue
que j'avois une inclination, avant de
prendre un habit que je déteste. O

cœurs impitoyables! vous m'avez éloignée pour toujours de mon amant!
ames insensibles ! jouissez, jouissez
donc tranquillement du fruit de votre
barbarie ! vous êtes mes tyrans, mes
persécuteurs, je ne suis plus votre
fille. Je vous renonce pour ceux qui
m'ont donné le jour ! ah ! fasse plutôt
le ciel, que vous redoutiez un juge
sévère, mais clément ; je suis prête à
vous pardonner !

Nos sœurs firent ici une pause pour
goûter le vin, qu'elles trouvèrent meilleur que celui de la communauté. Faisons trève à des idées qui nous attris-
tent, reprit Séraphine, et parlons du
livre que tu m'as prêté. Il y est question de certains esprits nocturnes, qui
ont des liaisons avec les femmes; on
les nomme, je crois, des sylphes. Il est
vrai, répondit Sainte-Agathe ; je ne
puis te certifier leur existence; jamais
je ne me suis apperçue qu'ils soient

entrés dans ma cellule. Mon dieu, je
ne serois point du tout fâchée de les
connoître, s'il en est toutefois. Suivant
ce que nous rapporte mon livre, sur
ces esprits aériens, leur compagnie nous
serviroit de consolation dans nos dis-
graces... mais j'entends quelqu'un : Ne
seroit-ce point la sœur, écoute ? Nous
nous reverrons demain, je m'esquive,
adieu.

Sancho n'avoit pas perdu non seulement un mot de ce qu'il venoit d'entendre ; mais il étoit comme ébloui
des attraits qu'il avoit devant les yeux.
Tout matériel qu'il étoit, il avoit fort
bien saisi ce que les deux nones avoient
dit sur l'existence prétendue des sylphes. Pardi, disoit-il en lui-même, je
ne suis pas mal posté où je suis, pour
être un pur esprit, quand il en sera
temps. Tel qui se lève matin, ne sait
pas ce qui lui arrivera le soir ; l'occasion fait le larron ; depuis que le monde

est monde, je défie qui que ce soit de me dire s'il a trouvé une pareille aubaine ; par ma foi, rien ne chet en la geule du renard endormi ; changement de corbillon donne appétit de pain béni ; bon jour, bonne œuvre. La donzelle est jolie ; mordi, je serois dans mon tort, si je n'allois pas bride en main en cette affaire. Les réflexions de notre écuyer n'étoient pas d'un sot.

Cependant sœur Séraphine serra le reste du pâté dans la malle, et se rendit au soupé, sans avoir grand faim ; mais son serviteur ne se lassoit pas de manger, il courut à son tour aux provisions, dont il fit une bonne déconfiture. Il faut, mon pauvre Sancho, se disoit-il encore, que tu prennes un repas de loup ; car qui te nourrira demain, ma foi, tu ne sais.... à qui se lève matin, dieu aide et prête la main. Bon à présent que tu as le ventre plein ; tâche un petit de fermer l'œil dans cette cache ; car il m'est avis que tu seras bien éveillé pendant la nuit. Il retourna donc dans son encoignure, où il se tint accroupi la tête appuyée sur les genoux.

Après le souper du couvent, vint l'heure de la récréation, de la prière, et enfin du coucher. Sœur Séraphine reparut dans son petit palais, elle étoit plus belle ce soir-là, qu'elle ne fut onc. Comme il faisoit chaud, elle ôte voile et jupons, et se met à son aise. Sancho avoit dormi près de deux heures. Il est réveillé comme en sursaut, et se lève tout droit. On n'aura pas de peine à croire qu'il est bientôt électrisé à la vue d'un corps aussi blanc que la neige. Eh ! qui pouvoit être mieux situé que lui, pour en considérer les appas ! il est transporté d'amour, il se seroit élancé aux pieds de la none, s'il n'eût pas craint un éclat de sa part ; mais on n'est guères maître de sa frayeur, à l'aspect d'un objet qui nous apparoît subitement. Il préfère donc de rester à sa place, et se contente d'examiner encore ce chef-d'œuvre des cieux.

Séraphine allant et venant par-ci par-là, s'arrête à la cheminée, se mire et se saisit d'un bouquet; elle s'amuse de l'air le plus ingénu à comparer un bouton de fleur à tel autre, qui ne lui cède pas en couleurs vives. Dix heures sonnent; elle se ressent un peu de la fraîcheur de la soirée; il semble que le doux zéphire se rend exprès de nuit dans ce joli manoir, pour caresser de son souffle, le plus beau sein qui soit dans le moutier. A la fin la pauvrette n'ayant pas à qui parler, jette un profond soupir et va se livrer au sommeil. Elle prend des roses qu'elle effeuille sur sa couche paisible, et s'étend mollement dessus. Bientôt Morphée la touche d'un pavot, les songes trom-

peurs veillent à ses côtés, et la bercent
d'illusions flatteuses.

Sancho, le trop heureux Sancho,
étoit aux écoutes; il avoit tant de peur
d'un réveil, qu'il n'osoit respirer.
Voyant qu'on étoit bien endormie, il
met bas ses habits et s'approche du
lit à pas de chat, et si près, si près de
l'objet de ses vœux, qu'il est transformé
en sylphe; il passe pour tel, et sans
flatterie, c'étoit un des plus amoureux
qui eût encore fréquenté le couvent.

Au rapport de sœur Sainte-Agathe,
Séraphine trouvoit que ces sortes de
génies étoient doux et bienfaisans,
qu'ils avoient un certain je ne sais quoi
qui les faisoit chérir, malgré qu'on en
eut. Oui, lui disoit-elle, ma bonne amie,
ils sont d'une société délicieuse. Hélas!
pourquoi n'ont-ils pas le don de la parole! ils sont divins apparemment....
oui certes, ils sont divins... tous muets
qu'il sont, je m'habituerois volontiers

Tome III.   C

à vivre avec eux ; la vie monastique seroit plus supportable... s'ils alloient du moins te visiter une fois dans ta cellule, tu ne cesserois d'en parler, tant ils sont ravissans.

D'après mon récit, on voit que nous sommes encore dans un temps où l'on croit aux esprits et aux fantômes. Peut-être suis-je un peu trop gai ; mais, Vénus quoique nue, ou couverte d'une légère draperie, n'en est pas moins modeste ; par cela même, son tableau ne doit pas choquer la pudeur.

Le chant du coq fit lâcher prise à notre chevalier, qui étoit fâché de reprendre sitôt la forme humaine. Il eut tout au plus le temps de s'habiller lorsque le tocsin sonna. Un cas fortuit alloit le tirer d'embarras : c'étoit le feu qui avoit pris à la cheminée de la cuisine. Il n'en falloit pas davantage pour faire sortir de leurs cellules les jeunes et les vieilles professes ; elles crioient miséricorde, les bras tendus vers le ciel, en courant de toute part, comme des brebis effarées à la vue d'un loup affamé.

Sancho jugeant qu'il avoit une occasion favorable de s'évader, monte dans les greniers. Plus leste et plus vigoureux qu'aucune de ses compagnes, il vole sur les toits : il n'a pas fait vingt pas, qu'il voit un mur assez large qui aboutit à la maison d'un voisin. Sans balancer il se met à le traverser. La Providence ne cessoit de veiller sur lui, car il trouve une fenêtre ouverte à propos ; elle éclairoit un magasin de fripperie qui n'étoit en ce moment gardé par personne. Il descend à terre, et s'empare vîte d'un habit, sans s'embarrasser beaucoup, s'il va bien ou mal ; son vêtement de none reste pour gage. Il gagne le bas de l'escalier sans être apperçu et sort de même, dans la rue. Un filou consommé n'auroit pas

montré plus d'effronterie. Il se rend de
suite à l'hôtel du grand-veneur, et court
embrasser son ami qui venoit de se lever. Il étoit alors cinq heures du matin.
Hé d'où sors-tu, ami Sancho ? lui dit
don Quichotte. — Ah pardi, monseigneur, vous allez le savoir : Dans qua-
rante-huit heures j'ai bien vu du bon
et du mauvais temps ; mon histoire
est drôle. Il lui raconta donc de fil en
aiguille, tout ce qui lui étoit arrivé,
sans oublier la conversation des deux
nones.

Don Quichotte ayant trouvé l'aventure très-singulière, en prit aussitôt
des notes ; et conseilla au conteur,
d'aller se reposer en attendant le dé-
jeuner, que le cuisinier devoit lui tenir
prêt à son réveil.

CHAPITRE XXXI.

Mariage de Sancho. Exhortation que lui fait le grand-veneur le soir des noces.

On sait que le seigneur Quexada n'épargnoit guère son ami, lorsqu'il s'écartoit de son devoir ; aussi lui fit-il une morale sur ce qui lui étoit arrivé les jours précédens. Oui, monseigneur, disoit Sancho, j'ai encore donné tête baissée dans un maudit trébuchet ; mais, mon cher protecteur, je vous promets, foi de gentilhomme, que je serai moins éveillé, et pour éviter toute rechûte, je suis résolu de me marier promptement. Madame de Trognac m'a donné sa parole. A la bonne heure, mon ami, répondit don Quichotte, M. de Brettencour m'a laissé une lettre avant son départ, qui me donne là-dessus tous les indices que l'on peut désirer. Ta prétendue est issue d'une maison très-ancienne de la Normandie. Je ne trouve donc aucun obstacle à ton mariage. Madame de Trognac possède d'ailleurs un fort joli château à quelques milles de cette capitale. — Tant mieux, monseigneur, j'aurai de quoi vivre noblement, et de plus, cela ne m'empêchera pas de tenir à votre maison par ma charge de premier maître-d'hôtel; car je pense que vous ne tarderez pas à prendre le chemin de Visenlair. A propos, que vous a dit le roi sur votre affaire ? — Sa majesté m'a donné de grandes espérances. Elle doit m'aider d'une flotte, si j'arrive à éprouver des difficultés à me mettre en possession d'une couronne qui m'appartient plus qu'à tout autre concurrent.

Pendant qu'ils s'entretenoient ainsi, le baron des Aguets vint les saluer. Seigneur, dit-il à don Quichotte, j'imagine que vous êtes prévenu que ma parente, madame de Trognac et M. le capitaine sont d'accord sur leur mariage. Nous espérons que vous voudrez bien y donner votre assentiment, en signant l'acte qui doit les unir. Non seulement, monsieur, répondit don Quichotte, je signerai leur contrat; mais encore je veux doter mon ami de trente mille livres. Je ne promettrai pas, à la vérité, de lui compter cette somme le jour de son mariage; mais je m'engagerai de lui en payer l'intérêt jusqu'à ce qu'il me soit rentré des fonds. Ah! monseigneur, s'écria Sancho, on connoît bien ses amis au besoin. Souffrez que je vous baise les mains en vous remerciant des bontés que vous avez pour votre serviteur.

Oui, continua don Quichotte, je suis tout disposé à faire ton bonheur; nous passerons le contrat dès demain, si l'on juge à propos. Prévenez votre parente, M. le baron. L'entremetteur satisfait de sa visite, courut annoncer la nouvelle à madame de Trognac.

La triple veuve ne voulant pas manquer l'occasion de garnir sa bourse, qui étoit presque vide, fit savoir le même jour au grand-veneur, qu'elle en passeroit par-tout ce qu'il voudroit. Les paroles étant ainsi données de part et d'autre, nos deux aventuriers se rendirent le lendemain chez la prétendue qui eut soin d'avertir son notaire. On passa donc le contrat de mariage de don Sanchez Pançada, chevalier de Rambouillet, porte-manteau du roi de Barnagas, et premier capitaine des chasses de sa majesté très-chrétienne; et Suzanne Clémentine de Trognac, de Châteaunoir. La célébration des noces fut fixée à la huitaine.

En attendant, Sancho s'occupa sans relâche d'acheter, aux dépens du grand-veneur, les joyaux et les bijoux qu'il devoit présenter à sa future. Ce qui prouve qu'il étoit réellement amoureux, c'est que son appétit avoit un peu diminué. Au lieu de quatre repas, il n'en faisoit que trois. Il est aussi à croire qu'il ne dormoit pas autant.

Le jour marqué pour la célébration du mariage étoit venu. On étoit déjà prêt à se rendre à l'église, lorsque don Quichotte prit le capitaine par la main, et le conduisit dans un appartement où ils étoient seuls. Ami Sancho, lui dit-il, je me crois obligé, par devoir, de te dire quelque chose sur l'engagement que tu vas prendre. Tu as été marié une première fois, je pense bien qu'on n'a pas oublié de te mettre sous

les yeux les obligations du mariage ;
mais comme on ne sauroit pas trop
répéter aux hommes ce qui peut les
porter au bien, je te prie de m'écouter
avec attention.

« Tu es sur le point de te lier avec
» une personne de ta condition, avec
» une personne dont l'éducation n'est
» point douteuse, avec une personne
» bien née qui doit faire ta félicité.
» Quelle est donc la conduite que tu
» tiendras à son égard ? La voici : Tu
» ne perdras pas de vue la douceur,
» la politesse, les complaisances que
» tu lui devras, sitôt que vous serez
» unis. J'espère qu'ils seront réci-
» proques.

» Fais que tes manières ne tiennent
» plus de la bassesse de ton extrac-
» tion. Corrige-toi ; ne viens pas m'al-
» léguer qu'il est trop tard ; il est tou-
» jours temps de devenir meilleur.
» Rappelle - toi donc que nous avons

» tous des passions plus ou moins vi-
» ves, et que nous devons travailler
» à les dompter, s'il nous est impossi-
» ble de les déraciner tout-à-fait.

» Je sais que tu as des enfans de
» ton premier lit ; s'il t'arrive d'en
» avoir du second, sache que tu leur
» dois à tous un bon exemple. Si tu
» veux qu'ils soient honnêtes gens et
» craignant Dieu, qu'ils soient témoins
» de tes pratiques de religion. Sois
» pieux sans petitesse, et que tes ac-
» tions ne démentent pas tes paroles.
» Si tu veux qu'ils soient sobres et
» tempérans, ne te présente pas de-
» vant eux dans un état d'ivresse ; ils
» pourroient t'imiter, ou du moins te
» regarder avec mépris.

» Garde ta dignité de père. Attire-
» toi du respect par tes bonnes mœurs
» et par tes exhortations à les rame-
» ner au bien, s'ils ont le malheur de
» s'en écarter.

» O mon fils ! si tu as jamais le
» bonheur de les voir dans la maturité
» de l'âge, quelle satisfaction pour
» toi d'avoir élevé des hommes, oui
» des hommes estimables ! Ne des-
» cendrois-tu pas dans la tombe en
» remerciant le ciel de te laisser, pour
» ainsi dire, survivre de générations
» en générations dans ton propre
» sang ?

» J'achève, en t'avertissant d'une chose
» que tous les pères devroient graver
» dans leur mémoire en traits ineffa-
» çables. Ne gêne jamais l'inclination
» de tes enfans, laisse-leur choisir un
» état qui leur convienne. Encourage-
» les avec douceur à se décider d'a-
» près leur vocation, et sur-tout con-
» duis-toi de manière qu'ils te soient
» attachés, non pas par le besoin qu'ils
» auront de toi, mais par la piété fi-
» liale, qui découle d'un parfait atta-
» chement.

» Ne songe pas à toi seul comme
» les avares : cherche à leur procurer
» des établissemens, dès qu'ils seront
» assez expérimentés pour se conduire
» eux-mêmes. Et pour cela , donne-
» leur une portion de tes biens , sui-
» vant tes facultés , en te réservant
» seulement de quoi subsister le reste
» de tes jours. C'est alors qu'ils prie-
» ront le ciel de leur conserver le
» meilleur des pères, et qu'ils seront
» inconsolables, si tu viens à payer
» un tribut que tout être vivant doit à
» la nature.

» Va, mon enfant, que Dieu ré-
» pande sa bénédiction sur ton ma-
» riage ».

Nos deux prétendus ne tardèrent
pas à recevoir la bénédiction nuptiale.
Rien ne manquoit à leur banquet de
noces. Don Quichotte , toujours plein
de sa noblesse, voulut faire les choses
en grand seigneur. Toute la société du

comte de Cornuailles y fut invitée. Sur le minuit, on se donna le plaisir de voir danser les deux mariés. Tant pis pour ceux qui n'auroient pas laissé la place libre ; ils auroient risqué d'avoir les pieds meurtris. Il étoit risible de voir sauter en cadence deux masses qui s'entrechoquoient parfois ; elles étoient si peu sûres de leurs pas, qu'il sembloit qu'elles alloient tomber l'une sur l'autre. Ajoutez que les jeunes gens des deux sexes s'amusoient à les seconder jusqu'à leur faire perdre haleine. Après un si violent exercice, on leur permit d'aller se reposer. Le capitaine eut pour cette fois, la politesse de présenter la main à sa tendre moitié, pour la mener dans son appartement.

L'histoire rapporte qu'ils se battirent avant de se mettre au lit. J'ai appris que le sujet de la dispute venoit de ce que Sancho avoit heurté fortement le nez de sa compagne, en voulant lui donner un baiser de villageois. Ce qui lui valut un coup qui le fit reculer trois pas. Gerni, madame, lui dit-il en colère, en la frappant sur l'épaule, si ce sont là vos plus douces caresses, je ne dois pas espérer de passer de bon temps avec vous. Mais la mijaurée s'excusa sur la douleur que lui avoit causée sa trop grande vivacité. Pour terminer, ils se raccommodèrent, et l'on sait comment.

Le lendemain, les conviés s'empressèrent d'aller accompagner le chevalier de Rambouillet, à sa nouvelle demeure. Il prit possession de son château avec toute la pompe imaginable. On y continua les amusemens de la veille, et la fête fut des mieux ordonnées. Comme chacun s'égayoit à sa façon, soit en dansant, soit en risquant son argent sur des cartes; madame de Trognac, qui ne s'oublioit pas, joüoit à coup sûr. Elle eut l'adresse de tirer du grand-veneur une lettre-de-change de vingt mille francs, sur les dix mille écus dont il avait gratifié son ami.

Deux jours s'étant écoulés rapidement dans les jeux et les ris, les dames et les cavaliers se retirèrent et laissèrent les deux époux vaquer au soin de leur ménage. Il reste à savoir s'ils vécurent en bonne union.

CHAPITRE XXXII.

Ce qui n'amusera pas. Don Gérano Campos de Biscaye. Précis de sa vie.

DON QUICHOTTE resta séparé de son ami pendant un mois, sans qu'il se soit passé rien de nouveau. Cependant un jour qu'il se rendoit à son hôtel, il fut salué par un de ses parens, qui se disoit arrière-petit-fils de ce fameux Hieronimo Campos de Biscaye, qui avoit une place distinguée dans la galerie dont nous avons parlé plus haut.

Don Cérano tenoit en effet, par alliance, à la famille du seigneur Quexada; c'étoit un de ces hommes que la rigueur du sort met à toutes sortes d'épreuves; il avoit voyagé long-temps dans les différentes cours de l'Europe; et le fruit qu'il avoit tiré de ses malheurs et de ses observations, le rendoit intéressant sous tous les rapports. Sa qualité de gentilhomme n'empêchoit pas qu'il ne fût un philosophe aimable, qui ne croit pas que les seules distinctions attachées à la naissance doivent l'emporter sur les vertus et les talens.

Don Cérano connoissoit les hommes.

Tome III.   D

En fréquentant le chevalier de Saint-Jacques, il eût bientôt deviné de quelles préventions son ame étoit imbue, mais il ne voulut pas d'abord heurter de front ses opinions; son dessein étoit de le guérir peu à peu de sa vaine gloire, en lui mettant sous les yeux les tristes effets d'un entêtement déplacé. Ce qu'il y a de singulier, c'est que don Quichotte lui cachoit une grande partie de la conduite qu'il avoit tenue à Paris, depuis plus de deux ans. Craignoit-il de trouver un rival jaloux de ses honneurs chimériques? il se trompoit; son parent n'étoit pas homme à devenir la proie des intrigans et des femmes perdues.

Seigneur, lui disoit ce même Cérano, je veux vous entretenir de ce qui gouverne la plupart des hommes; j'avoue qu'un seul mot peut tout dévoiler; oui, un seul mot, c'est l'intérêt qui se trouve le grand moteur de nos actions;

mais ceci demande une explication
assez longue, que je me propose de
vous faire, s'il vous plaît. Oui, répondit don Quichotte, je vous écouterai
avec plaisir. Je ne puis donc me dispen-
ser, reprit l'Espagnol, de vous donner
un court exposé de la vie que j'ai menée
jusqu'à présent : Il est bon, d'abord,
que vous sachiez à quoi vous en tenir
sur ma manière de penser. Croyez que
c'est plutôt la franchise qui me fait parler, que l'envie de me flatter moi-
même.

Je suis né avec les dispositions les
plus heureuses pour toutes les sciences ; je les ai cultivées avec succès ;
j'eus le malheur de perdre mon père et
ma mère très-jeune ; mon tuteur, qui
étoit un homme d'esprit, et recomman-
dable par ses vertus, prit le plus grand
soin de mon éducation ; c'est à lui que
je dois le penchant que j'ai encore

pour m'instruire chaque jour de ma vie : malgré cela je sens que mes connoissances se réduisent à peu de choses; j'ai toujours appris à me conduire sagement ici bas.

Me voyant fils unique, avec une fortune considérable, j'eus la passion de voyager; j'ai donc employé vingt-cinq ans à parcourir les villes capitales de l'Europe, où j'ai étudié les mœurs des divers peuples qui habitent cette belle contrée. En philosophe observateur, j'ai vu que la nature étoit partout entre-mêlée de merveilles et d'horreurs ; que les hommes étoient partout bons et méchans : ce qui prouve que rien ne doit exister sans contraste. Tout ce que nous voyons doit donc tourner à la gloire du créateur, d'autant plus sublime, qu'il est plus varié dans les œuvres de sa toute puissance; c'est à nous à nous humilier devant son immensité ; n'allons pas jeter un regard trop curieux sur ses décrets éternels.

En convenant que le monde est tel qu'il doit être, je ne veux pas dire pour cela que l'homme, par exemple, ne sauroit être meilleur ; au contraire il est né libre, et la divine Providence n'a pas même dédaigné de lui révéler ce qui peut le rendre heureux dans ce monde et dans l'autre ; mais il se laisse dominer par ses passions et ses préjugés. Voici mes principes en peu de mots.

Dès l'âge de vingt ans je traversai la France, où je ne fis pas un long séjour ; des affaires m'appeloient en Angleterre ; sans avoir le projet d'y résider, j'épousai, par la suite, la fille d'un armateur de Londres ; depuis ce temps-là, je puis bien dire que ma vie n'a été qu'un enchaînement continuel de malheurs.

Mon beau-père m'ayant donné sa confiance, je fus chargé d'aller recueillir une succession qui lui étoit échue , par la mort d'un frère qu'il avoit à la Jamaïque. Peu de jours après mon débarquement dans cette île , j'eus la douleur de voir périr entre mes bras une épouse qui méritoit toute mon affection. Cette perte irréparable me causa une longue maladie qui me conduisit au bord du tombeau ; mais je devois encore lutter contre ma destinée. Revenu en santé je m'occupai de ma commission ; je vendis les héritages qui revenoient au lord William , et je me rembarquai pour l'Angleterre , muni d'une somme de dix mille livres sterling. Eh ! qui n'auroit pas espéré d'arriver à bon port ! Non , une autre infortune m'attendoit encore. Sur le point d'entrer dans la Tamise , mon vaisseau surpris d'un orage violent fait naufrage ; j'ai le temps de me jeter dans la chaloupe, et j'aborde à Londres, dépourvu d'habits et d'argent. Il y a plus, après avoir reçu les tristes embrassemens d'un père tendre, qui se représente sa fille envoyant son époux en deuil, j'apprends qu'une banque-route lui a presque enlevé toute sa fortune et la mienne, puisque nos biens étoient confondus dans le même négoce. Quelle désolation ! Si le désespoir porte un malheureux à se donner la mort, la religion lui donne aussi la force de résister au coup du sort qui le poursuit en tous lieux ; je dois au ciel de m'avoir soutenu dans un moment où l'on n'est pas toujours le maître de se posséder.

Accablé par tant de revers de fortune, je n'eus d'autre parti à prendre que d'abandonner au lord la modique portion de bien qui me revenoit ; je pris seulement une bourse de deux cents livres sterling, et je continuai mes voyages. Heureusement que je n'avois point eu d'enfans de mon mariage ; j'avois la liberté d'aller où bon me sembloit. Après avoir parcouru la Hollande, une grande partie de l'Allemagne et de la Pologne, je passai à Berlin, où je demeurai cinq ans. Sans fortune et sans asile, je me vis forcé d'y vivre du produit de mes talens.

Je me mis donc sous les étendards de Bellone. Un colonel, que je connoissois particulièrement, me fit avoir une lieutenance dans son corps. Six mois après, voulant appaiser deux étourdis qui se disputoient sur une équivoque, je fus traité de lâche. Piqué jusqu'au vif, et n'ayant pas mon épée, je frappai l'agresseur d'un clairon que je tenois alors. Le même jour, le conseil de guerre assemblé, je reçus l'ordre de quitter le régiment ; mon adversaire me demande ensuite une réparation, que je lui donnai sur l'heure ;

il lui en coûta la vie : il est décidé que l'un des deux champions doit périr en pareille occasion. Oh! si la discipline doit être sévère parmi les troupes, il faut convenir qu'elle est suivie de grands inconvéniens! car si les chefs ne peuvent excuser, ni même punir pour un temps le premier mouvement d'un officier, qui doit sur-tout venger une insulte à la pointe de l'épée, il en résulte après cela que des hommes précieux à la patrie sont forcés, par un faux point d'honneur, de se battre jusqu'à la mort, tandis qu'ils pourroient vider leurs querelles par un combat moins funeste pour eux. Ajoutez que la punition rigoureuse qui leur est infligée pour avoir montré trop d'emportement, peut aussi priver l'état d'excellens militaires, et peut-être de héros qui auroient illustré leur pays : mais point de lois et de réglemens sans abus.

Tome III. E

Devenu tout-à-fait le jouet du destin, je retournai à Vienne où j'étois déjà resté ; je m'ingérai alors de faire le métier d'homme de loi ; par le moyen de mes amis, j'eus bientôt un assez bon nombre de cliens. Il est vrai que l'étude des lois est pénible, et que celui qui se dit le défenseur des veuves et des orphelins doit avoir de la probité ; je pris sur moi de n'en point manquer. Ce qui me décourageoit le plus étoit de voir la plupart de mes confrères , riches d'ailleurs, s'épuiser de lassitude par intérêt , pour chasser des plaideurs de profession ; se charger indifféremment des bonnes et des mauvaises causes ; et ce qu'il y a de plus révoltant et de plus rare à la vérité , se laisser corrompre par leurs parties adverses, et ruiner les malheureux dont ils avoient la confiance. Outré de dépit, je pris la ferme résolution de ne plus m'associer à ces vampires, et j'abandonnai Cujas et Barthole.

Je crus mieux faire d'aller étudier la

médecine dans une célèbre université ;
j'étois déjà licencié : deux ans de plus
d'assiduité dans les écoles me valu-
rent des lettres de docteur. Me voici
donc reçu parmi les enfans d'Escu-
lape ; je savois bien qu'en me jetant à
corps perdu dans l'art de guérir, j'allois
m'abîmer dans une foule de conjec-
tures ; je formai donc le dessein d'ad-
ministrer les remèdes avec la plus
scrupuleuse attention. Je vis des malades : hélas ! si je n'avois eu que des
ingrats à soulager , je n'aurois point
éprouvé les désagrémens de cette profession. Très-souvent mon travail étoit
gratuit ; mais ce n'étoit pas là ce qui
prenoit sur mon repos. La charité doit
porter le médecin à secourir au besoin
le pauvre et le riche. — Quels étoient
donc vos soucis ? — Quels étoient mes
soucis ! bon Dieu ! eh, ne voyez-vous
pas plusieurs de mes rivaux me traiter
de charlatan à la moindre cure que je

fais? ne voyez-vous pas cet essaim de docteurs avides qui se plaisent à me décrier par jalousie, qui se plaisent à me contrarier, à me traiter même d'ignorant lorsque je suis appelé pour consulter avec eux ? Vous ne les voyez pas briguer, cabaler, chercher à s'introduire dans une maison pour m'en écarter en dépit du maître qui n'est pas mécontent de mes services ? Ils disent par - tout que je suis plus heureux qu'instruit, que ma science n'est que superficielle, et que la nature agit plus sur mes malades que les secours de l'art. C'est ainsi qu'ils minent sourdement ma réputation, et qu'ils me donnent le coup de massue, en répandant que tel homme, que toute la faculté en corps n'auroit pu sauver, est mort faute d'avoir été saigné ou purgé.

Ce que je vous rapporte là m'est arrivé, monsieur ; il me fallut encore laisser Hyppocrate et Gallien entre les mains de ceux qui prétendoient en savoir plus que moi. Pour lors je portai mes pas vers l'Italie. Il me restoit à prendre un parti, pour lequel je ne me sentis jamais de vocation. L'état ecclésiastique demande cet air ouvert, cette piété solide, cette pureté de mœurs, qui doivent caractériser le ministre d'un Dieu de paix. En s'acquittant de de l'auguste fonction d'éclairer les hommes, et d'intercéder le ciel en leur faveur, il faut donner le premier l'exemple des vertus chrétiennes, en évitant de se couvrir soi-même du manteau de l'hypocrisie. Craignant d'être trop exposé à prévariquer dans un état si saint, je renonçai à l'encensoir, et je me décidai, pour la seconde fois, à courir les chances du commerce.

Cependant toujours la dupe de ma bonne foi, j'étois souvent forcé de traiter avec des hommes, qui se disent négocians, et qui ne sont que des fripons rafinés; ils ne cessent de vous tendre des pièges pour s'enrichir à vos dé-

pens. Les ruses de la chicane leur
fournissent des incidens propres à élu-
der la satisfaction qu'ils vous doivent ;
ils ont une physionomie qui ne sait pas
rougir. Examinez-les en face de la justice, affirmer par serment ce qui ne fut
jamais, vendre cent fois leur délica-
tesse à vil prix, et qui pis est, récidiver
leurs faillites. Ne diriez-vous pas à les
voir marcher la tête levée, qu'ils ont
pris à tâche de se moquer des lois et
des malheureux qu'ils réduisent à l'aumône ? Je conviens qu'il est, dans le
commerce, des honnêtes gens, dont les
spéculations ne sont pas heureuses ;
mais ils ont soin de montrer à leurs
créanciers des pièces qui témoignent
une perte réelle. Enfin le public, en
les plaignant, s'apperçoit de l'envie
qu'ils ont de conserver leur honneur
et celui de leur famille. Les premiers
ont donc plus contribué au dérange-
ment de mes affaires que les derniers.

Vous jugez, par ce tableau frappant, que sans passer pour misanthrope, je pouvois m'en prendre à la corruption du siècle, et m'indigner avec raison de ce qu'il y avoit si peu de garantie à se rendre utile à la société; aussi ne devois-je plus me mêler de travailler dans aucune profession. Mes vœux les plus ardens tendoient à me procurer simplement de quoi vivre sans avoir besoin des autres; il me falloit pour cela une occasion favorable dont j'ai su profiter.

Le rapport que je viens de vous faire vous prouve assez que l'égoïsme et la cupidité nous guident dans nos actions, comme je l'ai déjà dit; mais j'ai peut-être abusé de votre complaisance. Non, monsieur, répliqua don Quichotte, je me plais à vous entendre raisonner; j'espère que vous m'en direz plus à notre première entrevue. Sortons ensemble ; on donne ce soir une jolie pièce aux Français.

Les deux parens se levèrent aussitôt pour aller au spectacle.

CHAPITRE XXXIII.

Doléances de Sancho. Don Quichotte médiateur entre lui et son épouse. Il réussit à les mettre d'accord. Digression opportune que fait don Gérano sur les mauvais choix en fait de mariage.

Don Sanchez n'étoit pas heureux avec sa nouvelle femme ; elle le traitoit en vrai paysan ; il s'ennuyoit à la mort : il étoit d'ailleurs si changé, qu'il n'avoit plus que la peau étendue sur des os. Madame dissipoit tous les jours les quinze mille livres qu'elle avoit touchés de son mariage, avec ses amans ; ils se régaloient aux dépens du pau-

vre diable, à qui on avoit donné l'in-
tendance de la basse-cour et des jardins.
Il vivoit de fèves, de lard, et de gros
vin d'Orléans, tandis que les autres
fouettoient le Champagne et le Bour-
gogne, en mangeant des perdrix. Il
avoit beau se plaindre, il étoit mori-
giné d'autant. Comment, monsieur le
rustre, lui dit un jour la grosse de Trognac, osez-vous murmurer? à quoi
êtes-vous bon?.... ne sortez-vous pas
de la charrue?.... vous faites le métier
qui vous convient.... vous êtes encore
bien impertinent de vous trouver malheureux, comme si je ne vous avois
pas accordé une grace en vous don-
nant ma main. Au reste, retournez
d'où vous êtes venu, on se passera ici
de votre présence. O carogne! lui répondit Sancho, quel mauvais esprit te
porte à me traiter si mal! ne sais-tu
pas que je suis noble, et de plus chevalier de Rambouillet? Oh! si monsei-

gneur étoit instruit de ce qui se passe !...
Pardi, l'amour et la fortune sont aveugles; des femmes et des chevaux, il n'en est pas sans défaut. Il sortit alors en colère, et se rendit à Paris, pour communiquer à son ami tout ce qu'il souffroit dans sa maison.

C'étoit le matin qu'il parut devant don Quichotte. Hé ! bon jour, ami Sancho; depuis que tu es marié, tu es devenu bien rare : est-ce que tu m'aurois abandonné? Le pauvre écuyer, touché de ce reproche amical, n'avoit pas envie de rire. Ah! monseigneur, je ne vous ai que trop abandonné ; j'ai encore pris le collier de misère; oui, j'ai épousé une diablesse, un vrai lutin : oh ! si vous saviez ce que j'endure avec elle ! je suis pire que son valet. Tout le long du jour, madame se donne du talon par les fesses ; elle fait bonne chère avec des chevaliers et des barons, elle se requinque, elle fringue sans cesse en joyeuse compagnie ; et moi je travaille dans le jardin par ses ordres ; et, pour mon grand merci, je suis mal nourri et mal couché ; aussi bien, me voyez-vous maigre comme un coucou. Mais, répondit don Quichotte, n'est-ce pas un peu de ta faute ? N'as-tu pas été grossier , brutal ? dis-moi la vérité. —Mon dieu, monseigneur, au contraire ; j'étois toujours à côté d'elle, chapeau bas, en homme qui sait vivre ; je lui sautois au cou, je la caressois, je ne lui parlois pas sans l'appeler madame : au lieu de me recevoir poliment, elle me repoussoit, en me traitant de malotru. Non, il n'y a point de rebuffades que je n'aie reçues de sa part ; si cela dure, je serai contraint de la quitter.... Ah ! Thérèse ! Thérèse ! que n'es-tu du monde !

Non, non, lui répliqua don Quichotte, il ne faut point te presser de la quitter ; il est plutôt convenable d'épuisér tous les moyens de douceur et de raccommodement ; peut - être qu'elle se comportera mieux par la suite. On a bien raison de dire, pousuivit Sancho, maison faite et femme à faire : au diable ! s'il est possible de faire celle-là ; elle n'est pas facile à ferrer à la lune. Allez, elle ne se mord pas la langue pour me dire que je ne suis qu'un paysan, et qu'elle m'a fait trop d'honneur en se mariant avec moi ; encore m'est-il avis qu'elle rougiroit de s'avouer pour ma femme : elle est pourtant ma femme, ou l'évangile est faux.... Ah ! ma Thérèse ! ma chère Thérèse !

En achevant de prononcer le nom de sa première femme, qu'il avoit lieu de regretter, madame de Trognac survint, à l'heure qu'elle étoit le moins attendue. J'ai l'honneur de vous saluer, dit-elle, monsieur le grand-veneur ; vous me paroissez jouir d'une bonne santé ? je vous en félicite. J'ai soup-

çonné que vous aviez ici ce mauvais
homme, ce singe, ce butor ; je crois
qu'il vous a bien raconté des fables.
Monsieur n'est jamais content ; il gron-
de, il peste, il jure à tout propos contre tout le monde ; il se ressent d'où il
est sorti : c'est un ivrogne, un gour-
mand, un jaloux ; oui, ce beau monsieur s'avise de faire le jaloux ; oh ! si
je l'avois connu !.... Réponds-moi donc,
maussade que tu es, pourquoi m'as-tu
quitté comme un sournois, sans mot
dire ? — Ah ! pardi, qui me doit me
demande ; chacun veut avoir le bon
bout de son côté. Oui-dà, ma belle
dame, monseigneur vous croira mieux
que moi. Apprenez qu'il faut tondre
les brebis, et non pas les écorcher.
Quel bon temps ai-je passé avec vous,
depuis notre mariage ? ne m'avez-vous
pas regardé chez vous comme un valet,
un renégat ? il faudroit être un ange
pour compâtir avec vous ; ce que fem-

me veut, Dieu le veut. M'avez-vous pris pour me nourrir de fèves, tandis que vous mangez de bons morceaux? — Taisez-vous, menteur; je ne sais qui me retient de vous souffleter.... Madame, dit don Quichotte, vous êtes un peu trop vive; si le chevalier a des torts, il est prêt à les réparer. Parlons plus doucement. Allons, Sancho, si tu as manqué à madame, demande-lui pardon; elle oubliera tout. — Ah! monseigneur, c'est elle qui m'en a donné tout du long de l'aune, et vous voulez que je lui demande pardon? cependant, si cela vous plaît, il n'y a rien que je ne fasse pour vous conten-ter.... Oui, oui, reprit don Quichotte qui avoit ses vues; je ne veux point de zizanie entre vous deux. Mon ami, tu retourneras avec madame; j'aurai l'avantage de vous accompagner; il fait beau temps, je passerai volontiers la journée à la campagne. J'espère que vous me donnerez la satisfaction que je vous demande, qui est de vous voir sincèrement réunis. Il prit aussitôt la main des deux époux, et les fit embrasser. Ils déjeûnèrent ensuite, et se disposèrent à partir pour Châteaunoir. Don Cérano, qui venoit d'entrer par hasard, fut aussi du voyage.

Madame de Trognac ne fut pas plutôt rendue chez elle avec sa compagnie, qu'elle mit tout en œuvre pour la bien recevoir. En fine mouche, qui sait cacher son jeu, elle faisoit mille caresses à son mari devant don Quichotte ; mais le diable n'y perdoit rien, elle avoit dans l'idée de se venger des plaintes qu'il avoit portées contre elle.

Pendant qu'elle donnoit des ordres au cuisinier, don Quichotte, qui vouloit s'assurer de la vérité, apprit de l'une de ses femmes qu'elle n'agissoit pas bien avec son mari, et qu'il étoit en droit de se plaindre d'elle. Il sut

alors à quoi s'en tenir. Sans témoigner
aucun mécontentement, il prit part à
la fête avec autant de gaieté que les
autres. Après le repas on fit une partie
de boston, qui dura jusqu'à six heures.
Le grand-veneur ayant tiré sa montre,
ordonna au cocher d'atteler. Ami Sancho, dit-il, il est déjà tard, je vais te
quitter; il paroît aujourd'hui que madame ne se fait point un jeu du contrat
qu'elle a passé avec toi. Tâche de la
payer de retour, et ne te mets jamais
dans le cas d'obtenir un pardon qui hu-
milie toujours qui le demande, sans
que la personne qui se croit offensée
puisse en tirer vanité. Je suis très-persuadé que celui de vous deux qui a le
plus de reproches à se faire, saura les
racheter par une conduite plus digne
du lien conjugal. Il n'eut pas plutôt dit,
qu'il s'achemina vers Paris avec son
parent.

En chemin faisant, don Quichotte

entretint don Cérano du motif de son voyage. Je crains bien, disoit-il, que mon ami n'ait fait un mauvais choix ; je sais, de voie sûre, que la faute est du côté de son épouse. Don Sanchez est un honnête homme qui n'est pas des plus polis ; mais il est franc et naïf dans ses procédés ; il ne porte pas le masque de la probité, comme beaucoup de ceux qu'on appelle gens du bon ton. Je me suis apperçu qu'on se permettoit de le gourmander en turc-à-maure. Eh ! qui ne seroit pas révolté d'un pareil traitement ! il n'y a pourtant pas si long-temps qu'il est marié. La division qui règne entre madame et lui, peut avoir des suites fâcheuses.

Ah ! monsieur, répondit don Cérano, ceci me rappelle que nous courons souvent à notre perte sans le vouloir ; et c'est presque toujours faute de ré-flexion que nous avons à nous repentir. Puisque nous sommes sur le cha-

Tome III. E

pitre des femmes , permettez-moi d'en parler en connoisseur impartial ; vous allez voir la suite d'une vie passée dans l'infortune.

Un jeune homme qui veut s'établir, n'étudie pas assez le caractère de celle qu'il a dessein de s'attacher pour la vie. Pourvu qu'elle soit jeune, et pourvue de graces et de talens agréables, il est satisfait ; il ne s'inquiète point de sa douceur, de sa modestie, de cette conduite sage , éloignée du luxe et des plaisirs bruyans de la société : il ne fait pas attention que l'envie démesurée de paroître et de briller expose très-souvent les jeunes femmes à la séduction. Lui donneroit-on le choix de deux personnes, dont l'une auroit les attraits, et l'autre les bonnes qualités dont je parle, il seroit assez étourdi pour prendre la première ; et moi-même je l'ai fait.

Excusez-moi, reprit don Quichotte,

je vous observe que Sancho n'est pas dans ce cas-là; vous savez que madame son épouse ne peut guère se prévaloir de ses attraits. N'importe, monsieur, répliqua le philosophe, il s'agit ici en en général des mauvais choix qui ne sont que trop communs, tant de la part des hommes, que de celle des femmes. Il est vrai que je n'ai point à me plaindre de mon premier mariage; j'étois heureux, et cela ne devoit pas durer. Quant au second, plusieurs partis se présentèrent à-la-fois, et je laissai le solide, pour m'abandonner à la frivolité.

Ma seconde femme étoit d'une rare beauté; elle avoit une taille avantageuse et dégagée; son esprit étoit vif, mais porté à la galanterie; la bonne éducation qu'elle avoit reçue n'avoit pu corriger son humeur volage; elle ne connoissoit rien au-delà de ses goûts; les promenades, les bals, et les spec-

tacles, étoient ses plus doux passe-
temps; les soins du ménage lui parois-
soient insipides, elle sacrifioit tout à
ses plaisirs. De là des dépenses folles,
un désordre effrayant dans nos affaires, et des écarts scandaleux pour elle
et flétrissans pour moi; car le public
nous juge ordinairement sans connois-
sance de caüse. Il suffit qu'une femme
se comporte mal, pour qu'il se pré-
vienne aussi contre le mari, dont la
conduite lui paroît au moins douteuse.

Le faste et la dissipation mènent tôt
ou tard à la vie la plus déréglée; j'en
ai la cruelle certitude. Ma femme se
laissa séduire et enlever par un de ces
hommes sans caractère et sans mœurs.
Malgré cette faute grave, j'aurois été
tenté de lui pardonner, à la sollicita-
tion de sa famille, qui jouit de la plus
grande considération à Venise; mais
elle ne voulut jamais se prêter à la
moindre avance à mon égard. Jetons.

un voile sur son inconduite; il me suffit de vous dire qu'elle a terminé ses
jours comme elle a vécu.

Au surplus, je me suis trouvé libre
et sans enfans une seconde fois. Je vous
jure que j'ai renoncé pour la vie à porter un troisième joug. Me voici parvenu
à l'âge de cinquante ans; Dieu veuille
me conserver la tranquillité que j'ai
long-temps cherchée en vain. Le reste
de ma fortune se monte à cent mille
livres, dont mon beau-père ou ses enfans me serviront le viager. Je suis décidé à finir ma carrière ici, sans envier
ni les honneurs ni les richesses; mes
malheurs m'ont appris à savoir borner
mes desirs. Vous voyez, monsieur,
que ma résolution est bien fondée, et
que je dois y persister. Je ne vous
blâme pas, répondit don Quichotte;
chacun a ses goûts dans ce monde.

Arrivés à l'hôtel du grand-veneur, nos

deux parens se reposèrent, en parlant
de choses indifférentes.

CHAPITRE XXXIV.

Conduite infame de madame de Trognac.
L'heure de minuit. Sancho berné, battu
et découragé ; il quitte sa femme et retourne à Paris.

PEU de jours après que le grand-veneur eut fait son voyage à Châteaunoir,
il n'y eut point d'espiégleries, de mé-
chancetés, qui ne furent inventées par
madame de Trognac pour dégoûter son
mari de rester avec elle. Non seulement
il recevoit des humiliations de sa part,
mais encore il étoit berné par la vale-
taille, qui étoit encouragée par cette
mégère. Elle chercha un moyen sûr
de le chasser pour toujours du château ;

ce fut de lui donner de l'ombrage, en affectant de vivre avec le baron des Aguets.

Sancho n'osoit pas d'abord éclater, parce qu'il craignoit de s'attirer des railleries; mais s'appercevant qu'il étoit la dupe de sa patience, il prit de l'humeur : on ne demandoit pas mieux pour lui jouer des tours aussi risibles qu'ils étoient indignes d'une femme d'honneur. Madame de Trognac contrefit donc la prude; elle prévint secrètement Namur, l'un de ses domestiques, d'augmenter la jalousie du capitaine, en lui rapportant tout ce qui se passoit entre elle et le baron; ce qui ne contribuoit pas peu à troubler son sommeil.

En mari trop bon, il consentoit à partager rarement le lit d'une femme si peu réservée, que son appartement communiquoit à celui de son ami. Ils avoient la facilité de se voir aussi souvent qu'il leur plaisoit; mais c'étoit la nuit sur-tout qu'ils se donnoient des rendez-vous. Il en résultoit des scènes qui les égayoient, en causant de l'inquiétude à l'objet de leur aversion.

Un jour, entre autres, que Namur avoit averti don Sanchez d'une entrevue nocturne qui devoit avoir lieu entre les deux amans, il se leva sur le minuit, et se rendit doucement écouter à la porte de la chambre de madame, qui étoit prévenue du fait. A l'instant elle fit semblant de gronder le baron, comme s'il eût été à la place de son mari. Allez, monsieur, dit-elle, je vous entends, vous êtes à la porte; pour qui me prenez-vous? Mon mari vous reçoit ici à titre d'ami, et vous venez pour le déshonorer! Si vous ne prenez le parti de vous retirer promptement, je vais sonner.

Sancho, surpris de ces paroles, crut qu'il se méprenoit, et que son épouse

étoit d'une sagesse à toute épreuve. Il
eut même la simplicité d'entrer chez
elle, pour s'excuser sur les faux rapports qui lui avoient été faits... C'est
moi, ma bonne amie.... ne t'épouvante
pas, c'est moi.... Holà! quelqu'un,
s'écria la bonne pièce; au secours, au
secours; on attente à mon honneur.
Sur-le-champ le baron, qui étoit avec
elle, se leva; il se saisit de mon homme,
le coucha sur les pieds du lit, et lui
donna vingt claques sur le derrière,
pendant que madame et Junie, sa
femme-de-chambre, lui tenoient les
bras et les jambes. On vous apprendra
à ne pas manquer aux dames chez qui
vous êtes bien reçu, disoient-elles,
M. le baron; sortez, et ne reparoissez
plus devant nous. Le patient, une fois
libre, se mit à gagner bientôt la porte,
sans avoir jeté le moindre cri, de peur
d'être reconnu. Bien consolé d'avoir
été trompé, il s'assuroit de la vertu de

sa femme. Il est inutile d'observer que ce tour fut joué sans lumière.

Sitôt que tout le monde fut levé au château, on se demandoit si on n'avoit pas entendu du bruit pendant la nuit. Sancho, qui devoit mieux le savoir qu'aucun de la maison, répondit qu'il n'avoit fait qu'un somme. Il n'en est pas ainsi de M. le baron, disoit madame de Trognac; je parie bien qu'il ne paroîtra plus ici. Auriez-vous cru, monsieur, qu'il se seroit avisé de faire le téméraire avec moi? mais il a été dans l'erreur. J'espère qu'il n'aura pas envie de revenir à ma porte; il doit me connoître, je vous en réponds. Quoi, madame, reprit Junie, vous ignorez donc que M. le baron n'a pas couché ici cette nuit? il est parti pour Paris avant que vous fussiez retirée dans votre appartement; ce n'est pas lui dont vous entendez parler, j'imagine. Comment! Junie, que me dis-tu là? M. le baron

n'est pas venu à ma porte sur le minuit ?... Non, madame, cela ne peut
pas être ; je vous assure qu'il a pris le
chemin de Paris peu de temps après
votre partie de jeu. Voilà comme on
se trompe sur le compte des autres,
répliqua notre hypocrite ; maintenant
je suis au fait : je soupçonne que ce
voisin, qui passe pour un homme à
bonne fortune.... j'entends parler du
chevalier des Ormes... oui, on ne sauroit m'ôter de l'idée que c'est lui qui
s'est caché ici nuitamment à dessein de
s'introduire chez moi. Bon, qu'il y retourne ; il ne doit pas être satisfait de
sa tentative. J'aime à rire, à plaisanter ;
mais en fait d'honneur, je suis inexo-
rable.

Pardi, madame, répondit Sancho,
vous avez raison ; un bon renard n'est
jamais pris deux fois au même piège.
S'il est vrai que ce chevalier des Ormes
soit venu tout exprès cette nuit pour

vous en conter, vous l'avez si bien reçu qu'il n'y retournera plus. Au reste, on auroit beau me dire que j'en porte de belles, au diable si l'on parvient à me convaincre de la vérité ; au reste chacun pour soi, Dieu pour tous ; le mal porte le repentir en queue ; telle vie, telle fin. Je sais bien, répartit madame de Trognac, qu'il y a bien des gens qui se plaisent dans le désordre ; mais je ne crains pas les mauvaises langues, et je ne cesserai d'être une femme d'honneur toute ma vie. Ma chère petite amie, reprit Sancho, laisse-moi te baiser la main. — Votre chère petite amie, monsieur le jaloux ? oh ! non, je n'aime point qu'un mari soit en doute sur la conduite de sa femme. Allez, allez, vous êtes trop facile à persuader. — Non, non, madame, je suis sûr que vous n'êtes pas capable de vous laisser cajoler ; croyez que je ne suis pas sur le qui vive avec vous !

n'ayez point de rancune. Corbleu! je me mangerai les blancs des yeux avec le coquin qui... Si je m'apperçois, poursuivit-elle, que vous soyez tant soit peu soupçonneux sur mon compte, je saurai me venger, prenez-y garde.

Cette petite mercuriale, et le fouet qu'avoit reçu notre écuyer la nuit précédente, parut le tranquilliser quelque temps. Quoi qu'il en soit, il ne manqua pas de gronder en particulier le rapporteur, qu'il prenoit pour un médisant. Namur, toujours enhardi par sa maîtresse, soutenoit la gageure. M. le chevalier, lui disoit-il, si vous n'avez pas de confiance en moi, je vous prouverai clairement en temps et lieu que madame pousse les choses un peu trop loin; attendez seulement le retour de M. le baron, et vous verrez si je vous en impose.

Le même soir, Sancho eut la liberté de passer la nuit avec son épouse, qui

le prévint néanmoins qu'elle avoit besoin de repos. Comme il étoit en train
de ronfler, la pigrièche, voulant le
dégoûter absolument de co-habiter
avec elle, eut la malice d'avoir une
lanterne sourde, afin de lui arracher,
par le moyen d'une petite pince de fer,
chaque cheveu blanc qu'il avoit à sa
noire chevelure; de manière qu'aussitôt qu'il se réveilloit, en se grattant par
la douleur qu'il ressentoit, elle détour-
noit sa lumière, et rioit sous cape.
Peste des épingles! disoit-il tout endormi; elles piquent fort. Je vous ai
prévenu, répondoit-elle, de l'inconvé-
nient de coucher deux; que ne faites-
vous lit à part? Il se rendormoit là-
dessus, et ses cheveux devenoient rares.

Le baron, averti de l'espiéglerie de
madame, plaisantoit Sancho. Ah! ah!
M. le chevalier, il paroît que vous ra-
jeunissez, car vous n'avez plus autant
de cheveux blancs. Je ne sais, lui ré-

pliquoit le pauvre mari, si je rajeunis; mais je m'apperçois que mes cheveux diminuent tous les jours; à peine m'en reste-t-il cinq à six douzaines sur le toupet. Sur mon ame, je deviens chauve, ou je perds le nom de Pançada ; si cela dure, je serai obligé de porter perruque. Ayant ainsi passé quelques nuits avec sa chère épouse, il s'apperçut de sa malice ; et, sans dire mot, il résolut de coucher seul.

Cependant le domestique égrillard, dont nous avons parlé, ne vouloit pas passer pour menteur ; pour mettre fin à ces tours pendables, il alla de nouveau réveiller don Sanchez à l'heure de son premier sommeil. Vîte sur pied, monsieur, lui cria-t-il à demi-voix ; vous allez savoir si je suis un hableur. Sancho le suivit encore à la porte d'une chambre qu'il devoit cent fois maudire. Il y vit distinctement, par plusieurs trous faits exprès, que les deux amans ne se gênoient pas; mais, au moment qu'il ouvroit le plus ses gros yeux, on lui seringua la figure fort adroitement; ce qui le fit retirer avec d'autant plus de précipitation, qu'il entendit ces paroles foudroyantes : Voici pour les curieux.

Sentant bien qu'il étoit convaincu de jalousie, et que sa femme lui feroit payer très-cher son indiscrétion, il ramassa sans balancer ses hardes, qu'il porta de bon matin à la messagerie voisine, et se rendit incontinent auprès du grand-veneur.

_____

CHAPITRE XXXV.

Aventure périlleuse. Entêtement du seigneur Quexada. Conversation qui en résulte entre nos deux héros.

DON QUICHOTTE s'étoit bien attendu que son compagnon reviendroit bientôt le trouver. Il étoit convaincu de la malice de l'épouse de ce bon mari; aussi ne le blama-t-il pas de la quitter pour la vie. Allons, dit-il, ami Sancho, si tu vis désormais séparé de ta femme, au moins n'auras-tu pas à te reprocher d'avoir été la cause d'un pareil scandale. —Il s'en faut, monseigneur, car après avoir été insulté de toute manière, vous me voyez presque tondu. La diablesse a poussé la malice au point de m'arracher les cheveux brin par brin pendant mon sommeil. Jugez si elle n'a pas le diable au corps; jugez si je devois rester plus long-temps avec la carogne. Pardi, je n'avois garde; je m'en suis retourné honteusement la queue entre les jambes comme un loup. O misère! misère! qu'avois-je besoin d'aller habiter Château-Noir? n'étois-je pas bien ici? On doit être sage quand on a de la barbe au menton; par ma foi, si je pâtis, je l'ai voulu. Console-toi, répondit don Quichotte, tu peux te dire ici chez toi; ne pense plus à ta disgrace : nous avons à nous entretenir de quelque chose de mieux. Apprends donc, mon ami, que le successeur du roi de Barnagas est arrivé depuis trois jours; je suis prévenu par nos bons amis, d'aller lui faire ma cour.

Ami lecteur, voici une des plus cruelles aventures qui soit arrivée à nos deux héros, toujours par l'entre-

mise des gentilshommes de leur société.
Ceux-ci avoient donc gagné un fou, qui
par intervalle avoit des instans de raison. Ils lui promirent une bonne récom-
pense, s'il savoit bien jouer son rôle,
quoiqu'il fût dans un état où l'on n'est
pas maître de soi. Entouré d'abord de
tout ce qui doit composer la suite d'une
tête couronnée, ils l'invitèrent à garder toute la gravité de son personnage;
mais il ne lui fut guères possible de se
posséder.

A l'heure convenue, nos deux chevaliers se présentèrent devant le man-
nequin royal. A le voir, on pouvoit as-
surément deviner qu'il avoit le cerveau
mal timbré; ses yeux étoient hagards et
menaçans, et sa contenance étoit celle
d'un homme dont l'esprit est aliéné.
Cependant don Quichotte, qu'une fas-
tueuse représentation séduisoit de plus
en plus, s'approcha de sa hautesse et
ne manqua pas de lui dire : Mon prince,

le grand Mogolin Sélim II , roi de Barnagas, n'est pas mort : vous le remplacez si bien par votre bravoure, vos vertus et vos talens, que sa réputation et la vôtre ne font qu'une. A peine le chevalier eut-il prononcé ces mots, que la plupart des spectateurs s'appercevant que le fou changeoit de couleur, s'écartèrent du danger qu'ils couroient. Oui, continua le chevalier, puisque j'ai encore le bonheur d'adresser la parole au roi de Barnagas, mon très-illustre protecteur...... Corbleu ! s'écria le fou, tu me romps la tête avec ton prince Mogolin, ton roitelet de Barnagas ; je suis l'empereur de Trébizonde : apprends à mieux t'informer qui je suis. A l'instant il se lève d'un air furieux et frappe le complimenteur du plat de son cimeterre, en le poursuivant jusqu'à la porte.

Le chevalier craignant pour sa vie, étoit tellement pressé de sortir, qu'il tomba sur Sancho qui tomba lui-même sur une personne qui étoit sur la première marche de l'escalier; ce qui renversa par contre-coup tous ceux qui étoient à la file, par un motif de curiosité; ensorte qu'un certain nombre d'hommes et de femmes crioient qu'ils étoient morts, estropiés ou blessés. Notez en outre, que le fou ne cessoit d'espadonner tantôt sur l'un, tantôt sur l'autre, en disant qu'il n'entendoit pas qu'on se moquât de lui. Hé mort-non-de-ma-vie, lui répondoit Sancho, sois donc le diable si tu veux, et retourne dans ton maudit palais. A moi! à moi!....... j'ai les reins cassés.

A la fin on vit cesser cet affreux tintamarre, qui auroit trop duré, si la garde ne fût venue l'appaiser. Mais voyez, je vous prie, l'entêtement du seigneur Quexada; il n'étoit pas encore content de ce qu'il venoit d'éprouver, ayant toujours dans l'idée qu'il voyoit

un roi dans la personne d'un insensé;
il voulut lui faire des excuses et cela
devant les témoins de son désastre, qui
ne pouvoient s'empêcher de rire de sa
manie. Malgré qu'ils eussent à souffrir
de leur chûte et des coups qu'ils avoient
reçus gratuitement, ils ne savoient lequel étoit le plus fou de ces deux ori-
ginaux. Que votre hautesse, dit don
Quichotte daigne me pardonner; on ne
m'avoit pas prévenu qu'elle étoit élevée à la dignité d'empereur. Impertinent! reprit le frénétique, viens-tu de
nouveau me provoquer? Retire-toi
bien vîte, je n'aime pas les mauvais
plaisans. Il étoit prêt à recommencer
ses tours de folie, lorsqu'on se saisit
de sa personne; on le conduisit de ce
pas à Bicêtre; et le seigneur Quexada
fut invité poliment à le suivre, s'il n'ai-
moit mieux se retirer chez lui. Ainsi
se passa cette aventure dont les suites
pouvoient amener une catastrophe.

Don Quichotte , une emplâtre verte
sur l'œil gauche et la jambe droite meur-
trie , monta dans son carosse , accompagné de son ami , qui avoit une ba-
lâfre au menton et le bras droit en
écharpe. Ils se retirèrent sans mot dire ,
à la réserve que Sancho juroit entre ses
dents , soit après son compagnon , soit
après les marquis, les comtes et tous
les potentats de l'univers qu'il auroit
donnés pour un bon dîner.

Après leur prompt retour , le chevalier revenu de son abattement , se
plaignoit de son triste sort. Je crois fort,
ami Sancho , disoit-il ; que les enchan-
teurs ne discontinuent point de nous
persécuter. Il semble qu'ils devroient
s'éloigner d'un palais , et respecter la
personne sacrée d'un roi qui donne ses
audiences. — Eh ! que me dites-vous
là , monseigneur ; ce n'est point un roi
que nous venons de voir : sur mon ame,
c'est un démon. Mordi , ne vaudroit

il pas mieux pour nous être resté
dans la Manche à planter nos choux,
que de venir ici recevoir des horions et
des gourmades? Où sont donc les belles
promesses que vous m'avez faites? Je
devois tant faire fortune et avoir de l'argent de reste? Il n'est pas faux que les
pêcheurs, les chasseurs de taupes fe-
roient de bons coups sans les fautes.
Nous avons voulu monter trop haut,
nous sommes tombés à plat; encore si
nous n'avions pas les membres dislo-
qués. — Ne murmure point contre la
Providence, mon Sancho; on n'a rien
sans peine dans cette vie. — La peste
de la peine, quand on risque d'être
écrasés tout vifs; quand on est menacé
d'être éventrés ou coupés par morceaux,
la peine passe le plaisir de plus de cent
toises. Hé jerni! que faut-il à l'homme,
si ce n'est la santé, du pain et le repos?
Je parie qu'on ne trouve pas cela dans
les cours, surtout si les rois ont perdu

l'esprit : témoin votre empereur de Trébizonde : un million de diables puisse-t-
il l'emporter ! il est cause que j'ai le bras
enflé à pleine peau. Oh ! si j'avois eu
ma rapière !...... — Et moi , suis-je de
fer? Allons, ménage un peu tes expres-
sions : tu te mets donc dans l'idée que
sa Hautesse est folle? — Pardi, si elle
n'est pas folle, elle est pour le moins
endiablée ; car j'ai vu le moment qu'elle
alloit nous déchirer à belles dents. Et
quand elle seroit endiablée, reprit don
Quichotte, elle n'en est pas moins in-
violable ; nul ne peut en conscience
lui rendre les coups qu'elle peut donner dans un instant d'humeur ; ainsi
tu aurois eu tort de vouloir te défendre.
O ciel ! est-il donc possible que tu ne
puisses te faire à hanter les grands de la
terre ! — Non pas à ce prix-là. — Oh ! si
tu sentois combien il est doux de se voir
aux pieds du plus petit monarque ! Celui-ci vous sourit, celui-là vous félicite

sur votre élévation ; l'un vous promet son amitié, l'autre vous embrasse en vous serrant la main. — Ah pardi ! en voilà bien d'une autre : hé ! qui ne sait pas que les courtisans sont tous jaloux du bonheur d'autrui ? on vous embrasse, il est vrai, bras dessus et bras dessous, mais en vous mordant. Ah ! je défie bien qu'on puisse jamais avancer en avant avec les envieux ; et puis on ne dort ni nuit ni jour dans un palais ; et si l'on y fait bonne chère, il faut dîner bien tard, et souvent lier le sac, avant qu'il soit plein. — Dieux ! quelle façon de penser pour un chevalier, s'écria don Quichotte ! homme de néant ! retire-toi de ma présence, fuis la compagnie d'un homme de marque ; ne viens plus me dire que tes inclinations n'ont point changé : tu ne saurois seulement supporter l'enflure d'un bras ou d'une jambe, ni même te priver d'un repas, pour acquérir des biens incomparables. Va

donc, animal impur; va, retourne vivre avec tes égaux, je te renonce pour
la vie. — Eh! monseigneur, ne me
jetez point le chat aux jambes : qu'a-
vez-vous à me reprocher? je vous suis
par-tout comme un chien barbet, et
qui plus est je suis battu à platte cou-
ture pour l'amour de vous, et vous me
grondez. Si je trouve un bon plat sous
mon nez, me blâmez-vous d'y tâter? Il
y a donc bien des goulus sur la terre;
car je ne vois personne cracher les bons
morceaux. Dieu merci, tous tant que
nous sommes, nous ne ménageons pas
mal notre panse; et de fait, si j'avois à
présent un aloyau de bœuf, je vous ga-
rantis que les capucins ne s'en frotte-
roient pas la barbe, tant l'exercice que
nous venons de prendre m'a donné de
l'appétit. — Hé bien, allons dîner, et
tâche d'avoir une meilleure opinion des
grandeurs du siècle : corrige-toi, je te
prie, et n'excite plus mon indignation

pār des propos qui me révoltent. — Pardon, monseigneur, la malencontre nous fait quelquefois dire ce que nous ne voudrions pas ; mais je me corrigerai, fiez-vous en votre serviteur. En attendant passons dans la salle à manger : je sens d'ici une odeur de civet qui vaut, à mon avis, l'odeur de marjolaine. — Je le veux ; puisses-tu prendre ta réfection, tu seras plus patient.

CHAPITRE XXXVI.

Ouverture des États-Généraux. Pressentiment de don Quichotte sur la réunion des trois ordres. Prophétie de don Cérano sur la destinée de la France pendant et après sa révolution.

IL y avoit donc près de trois ans, comme on sait, que nos deux aventuriers, naturalisés français, couroient après le vent sans pouvoir le saisir ; lorsque les états-généraux commencèrent leur assemblée, vers le printemps de l'année 1789. Les résultats de leurs premières discussions donnèrent singulièrement à penser au chevalier de Saint-Jacques. On peut croire qu'il ne vit pas d'un bon œil les trois ordres voter par tête. Il prévoyoit que le tiers-état ne manqueroit pas d'attaquer ses chères prérogatives. Il avoit cela de commun avec tout le corps de la noblesse, qui redoutoit un revers qu'il n'étoit pas en sa puissance d'éviter.

Cependant don Cérano, absent de Paris depuis quelques jours, vint s'informer de la santé de son parent, mais il le trouva très-sérieux. Connoissant l'homme, et se doutant de ce qui se passoit dans son ame, il lui demanda sans explications, s'il avoit du chagrin ? Ah ! mon cousin, lui répondit ce dernier , vous n'ignorez pas sans doute la grande prépondérance du tiers-état sur les deux premiers ordres. Je vous assure qu'il sait en profiter. Pendant votre absence , il vient d'abolir presque tous nos droits féodaux sans indemnités. Eh! bon Dieu! cette roture est bien hardie, elle qui devroit s'humilier devant nous! qui devroit baiser nos pas! Sur ma foi de chevalier , ses entreprises me conduiront au tombeau. Eh pourquoi! lui répondit don Cérano, ne pas regarder d'un œil serein tout ce qui arrive ici-bas? Ne savez-vous pas , seigneur , que rien n'est stable dans ce monde? Que les hommes étant l'inconstance même, ne peuvent que varier dans leurs institutions? Au surplus, que direz - vous donc si vous voyez la suppression des titres de noblesse? O ciel! s'écria don Quichotte, les forces m'abandonnent... Je me meurs... Comment! je ne serai

(95)

plus gentilhomme !... Je ne serai plus vicomte ! Ah ! cessez, cessez de m'annoncer une si mauvaise nouvelle, ou je vais expirer. — Eh bien ! seigneur, brisons là-dessus ; et permettez-moi de vous prophétiser ce que la France doit éprouver de fâcheux et de consolant dans sa révolution ; mais je vous demande un peu de sang-froid.

Des hommes trop fameux saperont d'abord peu à peu les fondemens de l'autel et du trône, en leur ôtant leur principaux attributs. Aux débris de l'autel et du trône qui seront bientôt renversés, succédera un gouvernement purement démocratique, triste, avant-coureur de l'affreuse anarchie. Dans ces temps malheureux, les propriétés ne seront plus respectées, l'asile sacré de l'innocence sera violé sous de vains prétextes, et l'honnête homme, confondu avec le coupable, sera traîné à l'échafaud sur un char de douleur.

Cette crise terrible ne sera que trop prolongée. On ne verra plus en France ni justice ni religion, par conséquent, point de mœurs. Alors plus de fidélité dans les promesses, plus de relations commerciales entre les citoyens eux-mêmes et les étrangers, plus d'amour conjugal, plus de piété filiale, plus d'amis, plus de soumission aux lois, en un mot, plus de contrat social. De là les actes arbitraires, les brigandages, la fraude, les trahisons et l'épuisement de forces de la nation française en butte à ses tyrans et à ses ennemis extérieurs. Juste ciel ! dit le le chevalier, vous me faites frémir !

Après ce violent orage, le ciel obscur et nébuleux s'éclaircira tant soit peu. A la démocratie, se joindra une espèce d'oligarchie qui relevera le courage des esprits abattus. L'empire des lois ne sera pas sans effet; mais le choc et la division qui doivent régner entre les deux pouvoirs, entraveront la marche du gouvernement, dont les chefs divisés entre eux d'intérêt et d'opinion, feront des fautes graves qui réjailliront sur la république.

Cette lueur d'espérance évanouie, la main du très-haut dissipera tout-à-fait les nuages qui couvriront ce bel empire. On aura vu la révolution française commencée par des hommes, continuée par des génies malfaisans ; on la verra enfin terminée par un héros dont le nom seul sera un éloge. Tout Français qui lui refusera le titre auguste de père de la patrie, n'éprouvera pas dans l'ame ce doux sentiment que l'homme sauvage même témoigne à son bienfaiteur.

Ce grand changement fera disparoître ces lois torsionnaires, ces lois de circonstance qui impriment la ter-

Tome III. I

reur et le désespoir dans l'ame des citoyens , présumés coupables dans les
fautes mêmes de leurs pères. La justice paroîtra dans tout son jour, chacun sera mis à sa place, les cultes re-
ligieux seront rétablis , comme étant
la base des vertus morales et civiles;
les arts et les sciences fleuriront , le
commerce reprendra sa confiance et
son crédit, les lois seront en vigueur;
et la paix, la paix, cette déité bien-
faisante ramenera dans le cœur des
Français , l'espoir d'un avenir plus
heureux. L'Europe, ou plutôt le monde entier, ne sera plus bouleversé par
le fer et le feu. La nation devra son
salut à l'ange tutélaire que la providence destine aux empires, après une
lutte plus ou moins longue. Le com-
mencement du dix-neuvième siècle
sera l'époque mémorable , où les puis-
sances coalisées reconnoîtront sa su-
périorité , en signant une paix par-
tielle qui deviendra générale.

Je reviens à vos titres, dont vous redoutez la perte. Hélas ! si c'étoit là tout le mal à craindre, il seroit facile de s'en consoler ! Ah ! monsieur, lui répondit don Quichotte, vous me déchirez le cœur ! Je vous croyois une ame plus élevée. Eh ! quoi ! vous adopteriez cet odieux système de l'égalité ?—Oui, je l'adopte : les citoyens d'un état bien constitué naissent tous égaux en droits. Je dirai seulement que l'éducation, le mérite et les talens doivent les distinguer. — Vous ne seriez donc pas fâché de voir anéantir le droit, pour ainsi dire exclusif, que vous avez aux premières places, comme gentilhomme ? — Non, c'est un abus, tout homme peut y aspirer, pourvu qu'il en soit digne. Je ne trouve point de justice mieux conçue, que celle qui distribue les honneurs et les emplois, suivant l'importance des services rendus à la patrie ; mais ceci doit regarder les personnes et non pas leurs descendans , à qui on pourroit aisément disputer le droit de briller d'un éclat qui ne leur est pas dû. — Je vois que nous ne sommes pas d'accord, mon parent. Ah ! plût au ciel ! eussiez-vous la façon de penser de vos pères ! — Si mes pères étoient dominés par les préjugés, la raison me dispense d'avoir leur façon de penser. Prenons patience , répondit don Quichotte , nous verrons si vous ne reviendrez point sur vos pas.

La conversation n'auroit pas sitôt cessé, si l'on n'eût averti le grand-veveur, que trois étrangers demandoient à le voir.

CHAPITRE XXXVII.

Bonne réception que fait don Quichotte aux trois étrangers. Son étrange manière de voir sur la suppression de la noblesse héréditaire. Différend vidé entre Sancho et maître Nicolas le barbier.

Dans la correspondance qu'avoit dou Quichotte avec sa nièce, il se gardoit bien de lui raconter ses aventures telles qu'elles s'étoient passées. Il lui parloit plutôt de ce qui flattoit le plus sa fierté, je veux dire, de ses prétentions qui lui échappoient nécessairement.

Don Cérano prenant beaucoup de part à la triste situation de son parent, s'étoit avisé d'écrire à cette même nièce. Il l'entretenoit des folies de son oncle ; il fut même jusqu'à lui mander que le domaine de la Manche avoit été follement engagé, pour des emprunts qu'il ne pouvoit jamais acquitter. La pauvre nièce pensant aux intérêts du chevalier, qu'elle regardoit avec raison, comme les siens propres, crut devoir confier cet avertissement à ses trois amis qui, par un coup du ciel, se trouvoient encore ses contemporains : savoir, le curé, maître Nicolas le Barbier, et le bachelier Samson Carasco. Il n'en fallut pas davantage, pour porter ces derniers à se rendre à Paris, afin de sauver s'il étoit possible, ce qui restoit de la fortune de leur ami commun.

Ces trois Espagnols qui voloient au secours de l'amitié, même à son insu ; ces véritables amis, si rares de nos jours, saluèrent donc le seigneur

Quexada, le 19 juin de l'année 1790.
En les voyant il n'étoit plus le même,
il sembloit qu'il avoit oublié pour toujours l'assemblée constituante et ses
décrets. Il se persuadoit que ses an-
ciens amis venoient être les heureux
témoins de sa grandeur présente et
future. O mon cher curé! dit-il, quel
bon ange vous transporte ici tout-à-
coup? Vous êtes venu partager mon
bonheur, et nos deux intimes ont bien
voulu vous accompagner. Je vous en
sais bon gré; soyez les bien-venus. Ils
se serrèrent alors tous avec cordialité.
Sancho survenant à l'heure même, ne
laissa pas de prolonger ses caresses en
embrassant cinq à six fois au moins,
chacun de ses compatriotes. Maître
Nicolas sur-tout se plaignoit de ce que
sa barbe touffue le piquoit jusqu'au
vif. Sancho lui répondit par ce com-
pliment : Nicolas, mon ami, je me
gaudis fort de te voir frais et gaillard.

Comment se portent mon grison et mes chers enfans ?.... Mon pauvre grison qui n'a qu'une oreille.... Ah ! mon Dieu !... et ma Thérèse !... Ah ! n'en parlons plus, n'en parlons plus : elle n'est plus de ce monde pour mon malheur. Oh ! que j'ai perdu, en me séparant d'elle ! Il ne faut pas mentir, sans la crainte de Dieu, je me casserois la tête contre un mur.... Mais n'en parlons plus, j'ai le cœur gros comme un pain. Oh ! si je pouvois pleurer !...

Le malheureux époux, satisfait des nouvelles du Barbier, s'empressa de commander un bon repas, pour faire trêve à sa douleur.

Les trois étrangers n'eurent pas plutôt dîné, qu'ils firent une visite à don Cérano, qui les instruisit de tout ce qui pouvoit les éclairer sur la conduite du grand-veneur. Il leur dit entre autres choses, que s'ils n'y mettoient pas ordre, il le voyoit à jamais perdu,

et que son pis - aller étoit d'être con-
duit aux petites maisons. Qu'au surplus, il risquoit peut-être sa vie, par
son peu de discrétion à raisonner sur
les opérations des représentans du
peuple. Il fut aussitôt résolu qu'il falloit absolument trouver un moyen de
le tirer de ce précipice.

Don Cérano les ayant suivis, ils re-
vinrent à l'hôtel du grand-veneur, sur
les huit heures. Mais ils ne furent pas
peu surpris de trouver don Quichotte
dans une grande perplexité d'esprit.
En voici la raison. A la séance du soir,
l'assemblée constituante avoit décrété
la suppression de la noblesse héréditaire. C'étoit là précisément ce qui
troubloit l'imagination de sa seigneurie. Cependant à l'aspect de ses amis,
elle ne parut pas long-temps absorbée
dans ses réflexions. Elle prononça ces
paroles du ton le plus touchant. O
mes amis ! prenez part à mon chagrin.

Ce que j'avois pressenti n'est que trop arrivé. Il ne suffisoit pas à l'assemblée de supprimer les droits féodaux; elle a été plus loin. Tenez, dit-elle, don Cérano, lisez ce décret abominable. Don Cérano prenant les nouvelles du soir, lut à la compagnie le décret suivant.

Séance du soir, du 19 *juin* 1790.

» L'assemblée nationale décrète que la noblesse héréditaire est pour toujours abolie.... Pour toujours ! s'écria don Quichotte, cela ne peut pas être.

» Qu'en conséquence les titres de prince, de duc, de comte, de marquis, de vicomte, baron, chevalier, messire, écuyer, noble et tous autres titres semblables, ne seront ni pris par qui que ce soit, ni donnés à personne.

O ciel ! continua don Quichotte, s'il en étoit ainsi, tout seroit perdu. Eh ! comment a-t-on pu s'imaginer d'abolir ce qui intéresse le plus la société ? Comment croire, encore une fois, qu'il soit aisé de supprimer d'un seul coup de plume ce qui fait vivre tout le peuple. Ceci est inconcevable : on n'a pas vu apparemment qu'un gouvernement sans ducs, sans marquis, sans vicomtes et tant d'autres grands seigneurs, est un corps sans ame, qui ne peut exister deux mois.

» Qu'aucun citoyen ne pourra prendre que le vrai nom de sa famille.

— Mais voyez un peu si aucune puissance humaine peut m'empêcher de prendre le nom de la Manche, qui n'est pas mon nom de famille ?

» Qu'il ne pourra non plus porter ni faire porter de livrée, ni avoir d'armoiries.

— Oh ! par exemple, c'est là le comble de l'impéritie ! Je vous le demande, messieurs, comment pouvoir se distinguer du commun, sans livrées ? Que deviendroit le blason, s'il n'y avoit plus d'armoiries. On ne parleroit donc jamais de cette science admirable, de cette merveilleuse invention, qui élève l'homme aux plus hautes dignités, et qui en fait un Dieu sur la terre ?

» Que l'encens ne sera brûlé dans les temples que pour honorer la divinité, et ne sera offert à qui que ce soit.

— Hé pourquoi non ! s'il vous plaît? Comme si la divinité étoit jalouse des honneurs que l'on rend aux grands, qui sont de plein droit ses lieutenans.

» Que les titres de monseigneur et de messeigneurs ne seront donnés ni à aucun corps ni à aucun individu, ainsi que les titres d'excellence, d'altesse, d'éminence, de grandeur, etc.

— Tout cela n'a pas le sens commun. On voudroit, je crois, nous ramener aux siècles de la barbarie. Oh ! si de semblables absurdités sont sanctionnées par le roi, je crains fort de succomber à ma douleur; mais je suis bien persuadé que sa majesté n'en fera rien.

Pour dissiper les idées noires de sa seigneurie, don Cérano proposa une promenade aux Tuileries, qui fut d'autant mieux acceptée, que nos étrangers n'avoient point encore vu le plus beau jardin de l'Europe. En sortant de l'hôtel, chacun s'associe selon son goût. Don Quichotte s'empara du curé, don Cérano causoit avec le Bachelier, et Sancho rompoit les oreilles à maître Nicolas par son babil. A propos de ces deux confrères, comme ils avoient toujours soif, ils entrèrent en tapinois dans une taverne. Là, furent vidés plusieurs flacons de vin, qui faisoient effet sur le cerveau des buveurs. On ne cessoit de parler sans raison. Sancho sur-tout, vantoit sa noblesse et ne pouvoit souffrir d'être appelé Pança tout court. Mordi, di-soit-il, maître Nicolas, tu seras tou-jours de ton village. Tu sais bien que je suis le seigneur Pançada, chevalier de Rambouillet ; je t'avertis, prends garde à ta langue. Monseigneur n'en-tend point que je déroge à ma qualité. Ah! pardi, lui répliqua maître Nicolas, que sa profession de barbier ne ren-doit pas moins vain et suffisant ; ne voilà-t-il pas un bel hobereau pour se vanter de sa noblesse ? Allons donc, l'ami, tu plaisantes. Hé ! si l'on ne sa-voit pas que tu es sorti d'un chétif paysan, ta mine te démentiroit. A cette réponse bien crue, le capitaine entre en fureur : les deux champions se cramponnent bientôt l'un sur l'au-tre, et se donnent mille coups de poing sur le visage, malgré leur hôte qui eut toutes les peines du monde à les séparer. Une autre flacon bu dans la minute, appaisa le différend, et l'on sortit aussi bons amis que jamais.

CHAPITRE XXXVIII.

Désespoir de don Quichotte. Raisons dont se servent ses amis pour le conserver. Il devient somnambule.

Don Cérano et le bachelier Samson Carasco, bien loin de quitter la promenade pour aller se battre, comme les deux ivrognes que nous venons de laisser bons amis, pensoient au contraire, à tirer don Quichotte du malheureux état où il se trouvoit. Après plusieurs expédiens qu'ils se communiquèrent, il fut arrêté que l'on prendroit le meilleur, et cela le plutôt que faire se pourroit ; mais qu'il falloit au préalable, chercher à ramener sa seigneurie par la douceur et la persuasion, ou du moins feindre d'entrer

dans son sens, pour le préparer d'a-
vance à donner dans le piège qui lui
seroit tendu à son profit. Ils consul-
tèrent aussi le curé, qui fut du même
avis. Ne voulant pas d'ailleurs se presser de mettre leur projet à exécution,
ils employèrent encore cinq à six
jours à visiter ce qui méritoit le plus
d'être vu dans une capitale du premier ordre ; et cela n'étoit pas de trop
pour distraire le grand-veneur qui vouloit honnêtement les accompagner par-
tout ; mais il sembloit que tout tom-
boit à propos, pour exercer sa patience.

Le vingt-trois du mois cité plus
haut, le fameux décret dont nous
avons fait mention , fut sanctionné
par le roi. Nos curieux étoient à peine
arrivés ce jour-là dans l'hôtel, qu'ils
entendirent crier dans la rue : *Nouvelles du soir. Décret sur la suppression de la noblesse héréditaire , sanc-*

tionné par le roi. Juste ciel ! s'écria don Quichotte, je ne m'attendois à rien moins que cela. Me voici perdu sans ressource !.... Ah ! j'expire.... En effet, il se trouva mal ! On lui donna tous les soins possibles. Etant un peu revenu à lui, il remercia ses chers amis, en leur disant qu'il ne resisteroit pas à son infortune. Eh bien ! lui répliqua don Cérano, pourquoi ne pas prendre votre parti là-dessus ? — Ne faut-il pas que l'homme soit un peu philosophe ? Si vous perdez vos titres, il vous reste la qualité d'honnête homme, qui vaut infiniment mieux. — Et les dignités dont je suis pourvu ; le crédit, la faveur , les privilèges dont je jouis, sans compter les grands honneurs auxquels j'aspire, vous les prenez donc pour des bagatelles ?

On peut vivre heureux sans cela , reprit le curé, eh ! monsieur, tâchez de faire un sacrifice qui doit si peu

Tome III.   K

coûter à l'homme qui veut se servir de sa raison. Ne vous troublez point, ne vous portez pas au désespoir, par la privation de toutes ces vanités. Croyez-moi, la satiété suit de près leur possession ; nous en sentons bientôt le néant et la futilité. En nous quittant, elles nous laissent presque tout à désirer. La seule vertu nous satisfait de reste. Sommes-nous vivans ? Avec la paix de l'ame, elle nous attire des respects et des hommages bien mérités. Sommes - nous frappés de mort ? elle nous perpétue dans le souvenir des hommes. Reprenez vos esprits, seigneur, vous serez toujours assez grand, si vous savez bien vivre. Ménagez-vous pour votre nièce que vous chérissez, pour vos amis que votre situation désole. D'ailleurs, qu'avez-vous besoin de vous inquiéter d'une loi qui ne vous regarde pas ? Vous n'êtes pas Français. — Comment ! je ne suis pas Français ? Je suis naturalisé Français. J'ai une charge à la cour : enfin, je suis vicomte de Falaise. Je veux conserver ma vicomté en dépit des envieux. — Hé bien ! quand il faudroit y renoncer. — Il me faudroit plutôt mourir. Non , non, laissez-moi, vous ne savez donc pas que je suis le favori des rois, et que j'ai droit à une couronne ?

Ses amis s'appercevant qu'il avoit des absences d'esprit, et craignant de le faire tomber tout-à-fait en démence, en cherchant à le consoler, changèrent de langage. Il est vrai, reprit don Cérano, qu'il est bien triste d'être ainsi maltraité. Toute réflexion faite, mon parent a de justes raisons de s'appitoyer sur son sort. N'est-il pas dur, en effet, d'être ravalé si bas après un vol si rapide ? Don Quichotte voyant que son parent le plaignoit, parut plus tranquille. Croyez - vous , disoit-il ,

qu'un gentilhomme qui joint à la dignité de grand-veneur de France, les
titres de vicomte de Falaise, de cheva-
tier de Saint-Jacques, de commandeur
du Colibri, et qui peut devenir par la
suite grand duc des Iroquois, puisse
voir de sang-froid sanctionner un décret si contraire à ses intérêts?....
—Oh! ceci est différent, répliqua don
Cérano, je ne connoissois pas toutes vos
qualités. Mais vous n'êtes pas si malheureux, tout Français que vous
soyez; car pour une charge et un titre
que vous avez à la cour de France;
différens monarques vous ont accordé
d'autres dignités qui ne vous échap-
peront pas. Dieu soit loué, tout n'est
pas perdu pour vous. Il ne faut pas
dire que vous êtes sans ressource.
—Mais je tiens pardessus tout à ma
charge de grand-veneur, à mon titre
de vicomte. — Ne vous découragez
point, seigneur, la révolution fran-

çaise n'est pas à sa fin. Eh ! qui peut savoir ce qui arrivera ? . . . . Du reste, vous aurez toujours la liberté de retourner en Espagne ; vous y conserverez vos droits honorifiques, et qui que ce soit ne pourra vous les contester. — Le séjour de la France est si délicieux pour un gentilhomme, qu'il ne peut songer à le quitter sans regret, qu'en penses-tu, Sancho ? Par ma foi, monseigneur, on est bien par-tout où on a de quoi vivre. A la vérité, la France est un pays de Cocagne : les petits pois n'y manquent pas dans la saison, pas plus que les champignons et les andouilles ; mais en revanche, les nobles y sont battus et bien battus, vous dis-je, vous le savez. Cette réponse, au lieu d'égayer don Quichotte, lui fit froncer le sourcil. Comme la nuit avançoit, on décida qu'il falloit aller se mettre au lit.

Le pauvre affligé s'endormit un

peu ; mais rêvant, il fit une prouesse
que notre ami Cervantes auroit volontiers publiée, si elle se fût passée de
son temps. Il avoit donc vu pendant
son sommeil, quatre géans se disputer
et se battre entre eux. Deux étoient
mis simplement, ils portoient pour
toute marque distinctive, un panache
tricolore : les autres vêtus en grands
seigneurs, étoient décorés d'une infi-
nité de cordons : ils avoient à leurs pieds
des écussons, une liasse de droits féodaux et de titres de noblesse, qu'ils
avoient l'air de défendre au péril de
leur vie. Se voyant sur le point de cé-
der à la force, ils s'écrioient à nous,
seigneurs cavaliers !.. A nous ! écuyers,
chevaliers, barons, grands vassaux de
la couronne ! A nous ! on en veut à
nos titres. Il en falloit moins que cela
pour animer don Quichotte, il se lève
les yeux fermés, prend son épée, et
s'avançant au milieu de la chambre,

arrêtez , dit-il d'une voix de Stentor ;
arrêtez..., que faites-vous, téméraires !
Ne touchez pas là : ces titres son sa-
crés pour vous. Ah ! vous persistez à
vouloir nous braver ! Je vous perce de
part en part... En même temps , il
charge vigoureusement ses deux ad-
versaires qu'il n'a pas de peine à distinguer.

Sancho s'éveillant en sursaut , croit
que la vie du grand-veneur est en danger ; il quitte son lit tout transi de peur
et court à son secours. Eh ! bon Dieu
lui dit-il , monseigneur , qu'entends-
je ? Quelqu'un veut-il vous assassiner ?
Oui , mon ami , répond le somnambule , ne vois-tu pas ces roturiers qui
veulent emporter nos écus et nos titres ? Poursuis-les... avance , avance...
ils vont succomber sous nos coups.
Cependant il ne cesse de porter cent
bottes à l'endroit d'une tapisserie qui

représente par hasard deux chiens cou-
rans à toutes jambes.

Dans la crainte d'être pris pour un
des fantômes vainement poursuivis,
Sancho se fait un rempart de la porte,
et attend en silence la fin d'un rêve
qui est une preuve certaine des fortes
impressions de l'ame sur le corps, et
une leçon à chaque homme, de renoncer avec courage à tout ce qui peut le
porter aux excès d'une passion qui le
met hors de lui. Le spadassin chan-
geant de place, fut enfin réveillé par
une carafe d'eau qu'il renversa. Ah !
pardi, monseigneur, dit alors le capitaine, je me suis bien douté que vous
rêviez. Eh ! que diable voulez - vous
que l'on fasse de vos titres ? Les vo-
leurs ne prennent point du papier qui
n'est pas reçu à la bourse. Ah ! si c'é-
toit encore de bons billets de banque...
Tais-toi, maroufle, répondit le grand-
veneur, es-tu venu ici pour dire une

sottise? — Je te soutiens que les honneurs ne se mettent point à prix, et que des billets seroient-ils de la valeur de cent mille écus, ne sauroient les remplacer. — Encore une fois, vous rêviez. — Oui, je rêvois, mais j'avois raison de vouloir conserver ce que j'ai de plus précieux au monde. Morbleu! m'enlever mes titres!.. Non pas, quand tout l'enfer s'en mêleroit! — Vous n'avez rien perdu, tranquillisez - vous. — Allons, ne me fais plus de contes qui prouvent la bassesse de tes sentimens : retourne te coucher. Sancho riant en lui-même, se retira comme il étoit venu, si ce n'est qu'il ne trembloit pas autant.

On saura de plus, que depuis sa vision, le seigneur Quexada ne désemparoit pas ses parchemins, et qu'à l'instar du grand Alexandre, qui ne dormoit jamais sans avoir à ses côtés les œuvres du divin Homère, il avoit

Tome III.   L

aussi sous son chevet, les preuves de sa lignée. Mais quelle différence entre ces deux hommes ! Le vainqueur de l'Asie étoit trop grand pour n'être pas sublime ; il eût été Diogène, s'il n'eût été Alexandre, et le vicomte de Falaise étoit trop petit pour se défaire de ses tristes préjugés.

CHAPITRE XXXIX.

Don Quichotte continue de se lamenter. Il maltraite Sancho qui s'avise aussi de le contrarier. Don Cérano joue la comédie sons le nom de Lopez de Mandone. Le nœud de son intrigue.

PENDANT que le grand-veneur étoit visionnaire, ses amis tenoient un conseil qui tendoit à le mettre au rang des gens raisonnables; mais ce n'étoit pas une petite affaire, car depuis plusieurs jours notre chevalier n'étoit plus à lui. La nuit sur-tout, il poussoit de profonds soupirs, répétant cent fois : Que l'on me rende ma vicomté... Oui, oui, disoit-il, messieurs de l'assemblée nationale, je serai chevalier malgré vous ; il n'est pas en votre pouvoir de changer ma naissance. Ah ! vous avez tout aboli.... Hé bien ! comme le dit don Cérano, nous retournerons en Espagne, et pour me moquer de vos décrets, il me prend fantaisie de me marier ici. N'allez pas croire que je prenne une française ; oh ! non, non, une espagnole aura du moins ses titres de noblesse. Parfois il se plaignoit à Sancho, de ce qu'il ne voyoit plus chez lui aucunes personnes qualifiées. Que voulez-vous, seigneur, lui répondoit l'autre, qu'elles y viennent faire ? il n'y a plus rien à prendre : par ma barbe elles ne s'inquiètent pas plus de vous

ni de moi , que du grand turc. — Ce
n'est pas cela, mon ami, ne vois-tu pas
qu'elles sont plongées comme nous
dans la douleur, de ce que l'on porte
atteinte à leurs prérogatives , au droit
inaliénable qu'elles ont d'avoir le pas
sur les autres hommes? Oh ! qu'il étoit
agréable de s'entendre appeler M. le
duc, M. le baron veut-il me permettre
de chasser sur mon domaine ? Puis-je
moudre à mon moulin? Puis-je cuire
du pain à mon four? Toutes ces petites soumissions nous flattoient singulièrement ; ces droits étoient charmans , mon ami; et, ce qu'il y a de
plus dur, on ne veut plus que nous
soyons nobles. Oh ! c'est un brigan-
dage ! Eh ! quels sont les gentilhom-
mes qui peuvent se visiter après de
telles pertes ! Ils doivent s'arracher
les cheveux et pleurer des larmes de
sang! — Hé! ventre de moi, monseigneur , il faut être bien fou de s'en

prendre à soi-même, quand on a de la peine. Mordi, la misère nous tarabuste assez, sans nous dévisager pour des *bibus*. Oh dame ! si jamais je m'arrache un seul poil de ma barbe pour tous les parchemins de l'univers, je veux crever de faim et de soif devant vous. Aussi bien étoit-il juste qu'un particulier ne pût pas moudre à son moulin, ni cuire à son four, ni tuer un maudit lièvre dans son jardin, sans la permission du tiers et du quart ? Eh ! jerni, cela me feroit sauter aux nues. Chacun se fouette à sa guise. Monstre ! lui répliquoit don Quichotte, tu n'es qu'un misérable gueux : sors d'ici ou je t'assomme. Il prenoit son compagnon par les épaules et le chassoit de son appartement. C'étoit la manière dont le capitaine étoit traité pour la seconde fois, par son meilleur ami.

Don Cérano prévenu par Sancho

que le grand-veneur n'étoit pas éloi-
gné d'épouser une espagnole, imagina
de lui jouer une pièce dont le but paroissoit devoir produire un bon effet
aux yeux de ses confidens. Il étoit à
croire que notre chevalier s'y prête-
roit sans difficulté , non seulement
pour montrer qu'il n'étoit point du
tout partisan de l'égalité; mais encore
qu'il faisoit peu de cas du décret dont
la seule idée lui causoit des spasmes.
Enfin, on comptoit sur un dénouement heureux, pour celui qui devoit
y jouer un des premiers rôles.

Les acteurs ayant donc bien pris
leurs mesures, le curé fut chargé par
provision d'annoncer à don Quichotte,
qu'un biscayen nouvellement arrivé,
s'étoit informé de sa demeure, et qu'il
avoit une affaire de conséquence à lui
communiquer. Il sera le bien venu ,
dit-il, pourvu qu'il soit noble , car je
ne saurois souffrir aucun autre rotu-

rier dans ma compagnie. Je ne suis pas déjà très-content de ceux que je connois de longue maiu. Oui, oui, je désire ardemment de voir un homme ferme dans ses principes, un véritable gentilhomme, en un mot. Qu'il vienne, qu'il vienne, j'aurai du moins quelqu'un à qui je pourrai me confier.

Il n'eut pas plutôt dit, que don Cérano, déguisé en seigneur Espagnol, se présenta chargé de cordons et la tête ombragée d'une large perruque. Deux étrangers lui servoient de pages. Seigneur, dit-il, vous voyez devant vous don Noëmi Carlos-Cristina-Ludovico-Martino Lopez de Mandone, grand d'Espagne de la première classe, chevalier de la Toison-d'Or, et marquis de Ruzieros. Me trouvant ici dans un temps désastreux pour la noblesse, je viens pour vous donner des consolations ; je suis très-persuadé que ma démarche ne vous paroîtra pas indiscrète. Au contraire, seigneur, lui répliqua don Quichotte, je vous suis obligé de la visite que vous daignez me rendre dans la passe malheureuse où je suis. Il me semble que votre nom ne m'est pas inconnu : j'ai bien entendu parler des Lopez de Mandone, comme étant issus d'une famille très-ancienne. — Oh! pour cela, seigneur, vous n'avez pas été trompé ; car trouvez-moi un gentilhomme qui puisse se vauter d'avoir pour souche un Balthazar de Mandone, qui eut l'honneur d'être grand panetier du roi Cambyse. — Il est vrai que vous datez de loin. Ma souche est aussi très-antique : au dire des généalogistes, les Quexadas sortent d'un certain Cneïus Aldobrandies Quexada, fameux général des Curiosolotes, peuple dont il est parlé dans les commentaires de César. Encore voudroit-on effacer nos noms des fastes du monde connu, mais on n'y réussira pas. Peut-il se faire qu'un noble ne soit pas noble? Ce seroit vouloir l'impossible. Vous savez, seigneur, qu'on est en train de tout supprimer en France, droits féodaux, titres, qualités, prérogatives, tout est foulé aux pieds : jugez si le royaume peut se relever de cette perte. Aussi suis-je fort balancé de renoncer à ma nouvelle patrie. — Vous avez raison, vous serez toujours à temps de retourner en Espagne, si l'on s'obstine à vous confondre avec le tiers-état. — Je vous avoue que c'est là mon dessein, si la chance ne tourne pas à mon avantage. Dites-moi, seigneur, êtes-vous venu seul en France ? — Oui, seigneur, j'ai voyagé seul, mais j'attends incessamment une de mes parentes, nommée dona Ciguenna, comtesse de Lamprados. Si vous voulez que je vous parle à cœur ouvert, cette jeune personne est amoureuse de vous : elle

vient exprès à Paris pour vous voir.
Vous n'ignorez pas qu'il y a des femmes qui poussent la passion au point
d'aimer des hommes qu'elles n'ont jamais vu ni connu ; mais il faut pour
cela qu'ils aient vos rares qualités. Ah!
bon Dieu, s'écria don Quichotte, voilà
qui est surprenant, je croyois être oublié dans mon pays, sur-tout du beau
sexe : d'ailleurs , je ne suis plus dans
l'âge de plaire. — Ne voyez-vous pas ,
seigneur, que ma parente est une de
ces femmes philosophes qui s'attachent
plus au moral qu'au physique. Elle
veut un époux d'une célébrité recon-
nue, bien expérimenté, et dont la conduite soit irréprochable. Ainsi , seigneur, veuillez, je vous prie, vous rap-
peler qu'elle m'est attachée par les
liens du sang : je vous la donne pour
une personne de mérite, jouissant de
grands biens et belle par-dessus tout.
— Je verrai à quoi me décider, sei-

gneur, laissons-la venir : je vous ac-
corde néanmoins mon estime et ma
confiance. De grace ne m'abandonnez
point. Je vous demande votre adresse.
Don Cérano sortit alors en lui dési-
gnant son hôtel.

M. le curé, dit don Quichotte, voilà
ce qui s'appelle un grand seigneur,
un gentilhomme comme il y en a peu.
J'aime ces bonnes têtes entichées de
leur origine, non pas ces philosophes
indifférens qui se consolent aisément
de rentrer dans la classe des roturiers;
cela seul me le fait chérir. Il paroît
avoir des sentimens fort élevés, reprit
le curé; je le crois sincère, et bien disposé en votre faveur. — Je le pense
aussi; toute ma ressource aujourd'hui
est de m'assurer de son alliance. —
Fort bien, seigneur, profitez d'une occasion qui pourroit vous échapper.
Peu de jours après don Lopez de Mandone reçut la visite du grand-veneur,

qui lui dit, en le quittant, qu'il étoit
on ne peut plus honoré de ce que
dona Ciguenna s'étoit décidée à lui
donner sa main, de préférence à tant
de seigneurs espagnols, qui joignoient
l'éclat de la jeunesse à la naissance;
qu'il acceptoit ses offres, et que son
attachement pour elle ne finiroit qu'a-
vec sa vie. Il ne pouvoit plus se lasser
de parler du seigneur Biscayen, tant il
en étoit satisfait. Ami Sancho, disoit-
il, je suis sur le point d'épouser la cousine du grand Noëmi. L'Espagne est le
centre de la véritable noblesse ; de
bonnes raisons m'engagent à me choisir
une femme parmi les Espagnoles, et le
ciel semble me favoriser dans celle
qu'il me destine ; au reste le séjour que
nous avons fait ici, nous a été très-dis-
pendieux. Mon mariage va me dédom-
mager amplement de toutes les dépenses que le rang que je tiens m'a forcé
de faire jusqu'à présent. Le marquis de

Ruzieros est un puissant seigneur, qui veut me combler de ses bienfaits; j'imagine qu'il n'oseroit me proposer sa parente, si elle n'étoit trois fois plus riche que moi. Après tout le mariage a cela de particulier, qu'il relève une maison dont la fortune est diminuée par des évènemens imprévus.

Sancho se rappelant d'avoir été maltraité naguères par son compagnon, n'osoit le contrarier ouvertement. Il se permit toutefois de lui dire : Monseigneur, puisque vous avez vos raisons pour agir de la sorte, permettez-moi de vous faire une petite observation, sans vous fâcher. En acceptant d'épouser la comtesse sans l'avoir vue, vous prenez chat en poche ; il n'y a au marché que ce que l'on y met; ne vous laissez pas tondre la laine sur le dos; qui épouse la femme épouse les dettes; consultez-vous bien avant de prendre la donzelle, qui en tient déjà pour vous ; par ma foi, la créature est bien hardie d'aimer les gens qu'elle n'a jamais fréquentés : moi qui n'ai que trop vu ma dernière femme, j'ai présentement un pied de nez. — Va, mon fils, je ne risque rien d'accepter de pareilles offres. Don Noëmi ne peut être soupçonné de mauvaise foi ; c'est un homme intègre, qui seroit bien fâché de perdre sa réputation. Certes, s'il avoit le projet de me tromper, et qu'il vînt à réussir, il n'oseroit jamais paroître dans son pays. — A la bonne heure, monseigneur, si vous croyez le vent bon, voguez à pleines voiles.

Don Quichotte n'étoit pas aussi mélancolique depuis qu'il étoit comme assuré d'avoir une Espagnole pour épouse : il se permettoit de temps en temps de se réjouir avec ses amis, soit à la maison, soit en leur proposant des parties de campagne, qu'ils se gardoient de refuser. Don Lopez ne le

désemparoit plus , afin de saisir le moment propice qui pouvoit le sauver
du naufrage. Jugeant donc que sa seigneurie étoit bien préparée à tous les
incidens de la comédie qu'il jouoit ,
il s'affuble de son costume espagnol ,
et va la trouver de nouveau , pour lui
annoncer l'arrivée de la comtesse dans
deux jours au plus tard. Votre naissance , lui dit-il , ne vous permettant
pas d'agir en homme du commun ,
dans la conjoncture où vous êtes, je
pense qu'il est à propos , pour votre
honneur et celui de ma parente , que
vous la préveniez , en lui envoyant un
chevalier de vos amis, pour la compli-
menter au moins dix lieues à son
avance. A cela ne tienne, répondit don
Quichotte , je chargerai quelqu'un de
cette mission. Voici , ajouta don Lopez , le portrait de votre prétendue que
je vous rends par ses ordres. Oh !
comme elle est belle ! reprit don Qui-

chotte; il baisa sur-le-champ la mé-
daille, en disant que l'original méritoit d'être adoré. Seigneur, poursuivit
don Noëmi, il me reste un plaisir à
vous demander.—Parlez, parlez, M. le
marquis, comptez sur ma bonne volonté. — Il est bon que vous sachiez
qu'avant de quitter l'Espagne je m'étois
muni d'une somme assez considérable
(c'étoient des effets tirés sur Paris), mais
il m'est arrivé ce qui arrive à bien d'autres; une grande partie de mon papier
a été protestée; si vous pouviez, je
vous prie, m'avancer trente mille livres? — Bon Dieu! je suis moi-même
sans argent. Pour l'ordinaire les grands
seigneurs ne thésaurisent point; cependant j'ai des bijoux qui rempliront la
somme de reste; je vais vous les mettre
entre les mains : engagez-les, je vous
en donne la permission; vous me les
rendrez lorsque vous aurez rempli vos
engagemens. — Vous ne pouvez mieux

parler, seigneur, je ne vous refuse pas, et vous rends graces. Tiens, Sancho, dit don Quichotte, voici la clef de mon tiroir, apporte-moi mon écrin.

Don Sanchez obéit en murmurant, et s'empressa d'apporter des bijoux indiscrètement confiés. Voici tout mon avoir, M. le marquis, dit le chevalier, je souhaite que vous n'ayez plus d'emprunts à faire ici ; car les gens y sont corsaires à l'excès. — Mille remerciemens, seigneur, vous n'obligez point un ingrat ; sous deux jours vous saurez de mes nouvelles. N'oubliez pas toujours d'envoyer un de vos gentilshommes au-devant de la comtesse. — Non, non, soyez tranquille. A l'honneur de vous revoir.

Don Lopez ne fut pas plutôt sorti que Sancho blâma son compagnon de son trop de confiance. Comment, monseigneur, vous avez la bonté de confier ainsi vos bijoux à un inconnu ? Ah !

Tome III.   **M**

pardi je ne serois point du tout surpris
si nous n'avions plus ni croix ni pile ;
sur mon ame ces bijoux-là ont pris la
volée pour ne plus revenir ; vous n'en
verrez plus ni queue ni oreilles. —
Allons, puisque tu ne parles pas sans
proverbes, il faut aussi que je t'en cite
un qui me vient à propos : Tu crie fa-
mine sur un tas de bled.—Taupe-et-tinc,
et grand merci, monseigneur ; tout vient
à temps qui peut attendre ; charité bien
ordonnée commence par soi-même ;
il faut garder une poire pour la soif.—
Bon, c'est assez, je ne veux plus me
disputer avec un homme sans raison.
Voyons si le curé est de retour : voici
l'heure où nous devons sortir ensemble.

CHAPITRE LX.

La comtesse de Lamprados. Don Quichotte
acteur sans le savoir. Il ne connoît pas
encore toute la vérité de son rôle. Dernier
projet de ses amis à cet égard.

Trois jours s'étant écoulés, don Lopez écrivit à don Quichotte que la
comtesse étoit arrivée ; il lui marqua
qu'il la verroit aujourd'hui, qu'il étoit
très-convaincu qu'il ne seroit pas en
demeure avec elle de l'honneur qu'elle
lui faisoit, qu'il consentiroit à se con-
tracter dès ce soir, et que c'étoit en
quelque sorte imiter les grands de la
terre qui, pour se distinguer, se dis-
pensoient des usages reçus, en laissant
aux petits le temps de filer le parfait
amour.

En lisant ces mots, notre chevalier ne po uvoit contenir sa joie; mais il étoit un peu inquiet sur les personnes qui devoient composer la société de madame; il consultoit son cher compagnon là-dessus : Dis-moi donc, ami Sancho, comment faire ? où trouver des gens dignes d'approcher ma prétendue ? il faut pourtant que je lui trouve une société.--Eh ! mordi, monseigneur, vous avez raison; il seroit drôle à présent de laisser une comtesse à ses idées. — Oui, sans doute, mais la noblesse n'est plus de saison en France.—Ah ! pardi ne croyez pas cela, tous les membres du corps de la noblesse, tant petits qu'ils soient, sont toujours nobles dans le fond du cœur; le diable ne pourroit pas leur ôter de la cervelle, qu'ils sont pétris d'une autre pâte que les roturiers; témoin votre serviteur qui, malgré qu'il vous paroisse paysan, est attaché à ses titres comme la rouille

au fer. A propos de ces parchemins ,
ils m'ont bien valu des coups de pied
dans le ventre et des gourmades ; sta-
pendant j'y tiens encore, et quiconque
voudroit me les ôter, auroit à coup sûr
les yeux arrachés. On auroit beau dire,
noblesse ne vient point tout-à-fait de
vertu , il faut aussi de bonnes lettres
patentes bien vérifiées , sans cela vous
sentez la roture d'une lieue de loin.
Voilà bien parler, mon ami Sancho ,
répondit don Quichotte, continue d'a-
voir cette façon de penser, tu ne seras
plus gourmandé de ma part ; car il faut
avouer que tu as souvent poussé ma
patience à bout par tes raisonnemens
qui n'avoient pas le sens commun ;
maintenant que tu me parois bien
sensé, je t'en estime davantage. Il est
à soupçonner que don Sanchez craignoit plus que jamais la vivacité du
chevalier.

Cependant nos deux héros passèrent

la journée très-contens l'un de l'autre.
Il étoit déjà neuf heures du soir, temps
favorable au dénouement qui se pré-
paroit, qu'ils se rendirent à l'hôtel de
don Lopez : ils étoient mis richement.
On peut bien se figurer que la circonstance les portoit à un excès de parure ;
et tout brillant que paroissoit Sancho,
on voyoit dans sa personne un nouveau
parvenu, qui ne savoit pas se faire
honneur de son habit.

Sitôt donc qu'ils furent arrivés, on
les fit entrer dans un salon où se trouvoient deux notaires, quatre témoins,
don Lopez, la comtesse et deux de ses
femmes. Pour ne pas me répéter dans
mes portraits, je vous dirai que la comtesse avoit une tête de mort. Elle n'eut
pas plutôt levé son voile, que le chevalier de Saint-Jacques, ne voyant pas
l'original de la miniature qui lui avoit
été remise par le marquis, recula d'hor-
reur ; cependant il fut forcé de se lier

par un acte authentique, quoique Sancho, voulant l'en détourner, lui souf-
floit à l'oreille : Fi donc, monseigneur,
n'épousez pas cette vieille, elle a des
yeux de furet.

Dona Ciguenna, s'appercevant de
l'extrême répugnance que le chevalier
lui montroit, se permit de dire, avec
un souris malin : Voilà un cavalier
bien discourtois, messieurs, comme
si je n'avois pas déjà refusé six barons,
trois ducs, cinq marquis, autant de
vicomtes, et un prince que j'aurois
pris s'il avoit eu de bonnes jambes ;
mais on sait que monsieur n'est pas le
plus sensé de sa famille. Ah ! ah ! vous
aimiez tant les comtesses ! hé bien, si
vous aviez tant soit peu d'ame, si vous
étiez un véritable gentilhomme, je serois plus intéressante à vos yeux qu'une
beauté roturière, possédant un million
de revenu. Pardon, madame, répondit don Quichotte, je suis si surpris de

ce que je vois, que je ne suis plus à
moi. A vous dire la vérité, je ne crois
pas que vous soyez l'original du portrait que vous m'avez envoyé. —Monsieur, vous êtes dans l'erreur, je suis
réellement dona Ciguenna, comtesse
de Lamprados, cousine de M. le marquis; lorsque je me suis fait peindre
j'achevois mon quatrième ou mon cin-
quième lustre, mais comptons pour
quatre. Cinquante-cinq et vingt valent
bien soixante-quinze ans, qui ne pèsent
pas encore trop sur ma tête; ainsi, monsieur, à mes traits qui ne sont pas absolument changés, vous pouvez me re-
connoître dans mon portrait. Allons
donc, seigneur, allons donc, disoit
don Lopez, qui lui tenoit le pistolet à
la gorge, vous faites bien le difficile :
ne voudriez-vous point à présent disputer sur la majorité de mademoi-
selle? elle est parbleu très-nubile ; je
vous somme de votre parole. Tenez, ne

résistez point, vous commencez à m'impatienter.

Le pauvre chevalier, poussé à bout, ne savoit à quoi se décider. Que me conseilles-tu, ami Sancho, disoit-il tout bas en tremblant. — Ma foi, monseigneur, il n'y a plus à barguigner; ne regimbez point contre l'aiguillon; il vaut mieux plier que rompre. Hé bien M. le marquis, reprit don Quichotte, je consens à tout ce que l'on voudra. Là, là, mon petit vicomte, lui dit la *comtesse* en lui prenant le menton, embrassons-nous: je m'attendois à votre résignation; votre conduite à mon égard m'étonnoit d'autant plus, que vous êtes né galant; tout le monde le sait. Eh! qu'auroit-on pensé de vous si vous m'eussiez fait un affront! vous auriez été méprisé du corps de la noblesse. — Je conviens, madame, que j'aurois eu à me repentir, songeons à terminer à l'amiable. Aussitôt il reprit

Tome III.   N

son air gai ; à le voir courtiser sa vieille , il sembloit qu'il étoit auprès de la plus belle femme de la cour. Son contrat fut donc passé bon gré mal gré. On eut soin d'y insérer la clause formelle, que les bijoux qu'il avoit mis entre les mains du marquis appartiendroient à sa prétendue comme joyaux de noces , et qu'au surplus ils se prenoient dans tous leurs droits. Cela fait , on se mit à table. Sancho , ne plaignant plus son compagnon de ce qu'il ne cessoit d'être sa propre dupe , ne fit plus que tordre et avaler.

Long-temps après souper , les deux contractans, qui ne pouvoient se lasser d'être ensemble, se quittèrent pour se revoir le lendemain , avec la promesse de se marier sous huit jours. Ami Sancho , disoit le chevalier , en se rendant à son hôtel , la femme que je prends n'est pas jeune , mais elle est comtesse ; ce titre équivaut lui seul à cent mille

écus. — Malpeste ! monseigneur, je le
trouve trop cher de cent mille écus. —
Il ne vaut donc rien du tout butor ? —
Je ne dis pas cela ; mais il m'est avis
que le simple titre de comte ne pro-
cure jamais quinze bonnes mille livres
de rente. Dame ! il faut de plus un
beau château, et des terres de pro-
mission — Ne sens-tu pas, mon pauvre garçon, que c'est une façon de parler. Dona Ciguenna n'auroit pas une
obole de revenu, que j'aurai, par ce
moyen, mon entrée à la cour d'Espagne. — Tant mieux, tant mieux, Dieu
veuille que vous ne payiez pas votre
bien-venue, comme vous avez fait à
la cour du roi de Barnagas, où l'on ne
mange que des poules. — Baste ! il n'y
a point de plaisir à te parler raison.
Allons gagner chacun notre lit. — Je
le veux, monseigneur ; sur mon ame
je ne crois pas entendre courir les
rats cette nuit, car j'ai bien soupé.

N 2

On n'a pas vu le curé, Samson Carasco, et maître Nicolas être présens
au contrat de mariage du seigneur
Qnexada malgré qu'il n'eut pas oublié de les inviter. Aussi ne manqua-t-il
pas à son lever de demander à don Cérano pourquoi ses amis et lui n'avoient
point paru la veille chez don Lopez.
Don Cérano lui répondit qu'un accident fâcheux, en apparence, les en
avoit empêchés. Cela vient, dit-il, de
ce que le bachelier s'est trouvé mal en
sortant de table; nous avons eu toutes
les peines du monde à le rendre à la
vie. Remarquez, seigneur, que nous
étions hors de la ville, et que nous n'a-
vons pu raisonnablement le laisser seul;
nous avons jugé à propos de le veiller à
tour de rôle. A la bonne heure, répondit le chevalier; eh! comment se trou-
ve-t-il aujourd'hui ? — Assez bien, si-
non qu'il est un peu foible. — Je suis
charmé que son incommodité n'ait pas
eu de suite.

A l'instant le bachelier, suivi des deux autres, se présenta, en disant qu'il étoit parfaitement guéri. J'en suis bien aise, reprit don Quichotte ; maintenant, mes bons amis, félicitez-moi sur mon contrat de mariage. Il n'y a pas de quoi vous féliciter, lui répliqua don Cérano. — Hé ! pourquoi, je vous prie ? — Ah ! vous ne savez donc pas ce qui se passe. Don Lopez est peut-être le plus grand fripon qui soit entré dans cette capitale ; la Bohémienne, dont il est accompagné, ne vaut pas mieux que lui ; je viens vous avertir précisément qu'ils ont tous deux disparu dès quatre heures du matin. Oh ! oui, répondit don Quichotte, cela est incroyable : qui a dit qu'ils étoient partis ? — J'en suis certain. — C'est une calomnie atroce, jamais on ne pourroit me persuader qu'un homme de qualité comme le marquis... — J'en suis certain encore une fois, et si cer-

tain que vous ne verrez plus ni lui ni
sa parente. — Allons donc, vous ne
sauriez me faire entendre qu'un de
mes compatriotes sur-tout m'auroit
trompé à ce point. Seigneur, poursuivit don Cérano, cela est aussi vrai que
depuis votre séjour ici vous n'avez eu,
pour toute compagnie, que des gens per-
dus de réputation, qualifiés, ou se
disant tels; et cela parce que vous ne
voyez uniquement rien au-dessus de
la noblesse. Votre bon cœur à part,
vous avez été la dupe de votre crédu-
lité; excusez-moi si je vous parle ainsi,
je prends trop de part à ce qui vous
intéresse. Il paroît, mon parent, reprit le chevalier, que vous ne vous gê-
nez pas avec moi : du moins si vous ne
tenez pas à votre corps, souffrez que
j'y tienne. Quels que soient les décrets
de l'assemblée nationale, apprenez
donc que je n'ai point à me plaindre des
rois, des princes, et de leurs favoris qui

m'ont accordé leur protection. Si j'ai fait des sacrifices pécuniaires , je me vois comblé d'honneurs, et qui sait d'ailleurs où cela peut me conduire ? Enfin je ne suis point obligé de vous en dire plus; je vais savoir de ce pas si madame de Lamprados a bien passé la nuit. Don Cérano , voyant qu'il étoit moins raisonnable que jamais, le laissa sortir sans lui répondre.

Bref, dit Samson Carasco, tout ce que nous avons fait jusqu'ici paroît infructueux ; il n'y a plus qu'un parti à prendre pour le guérir de sa titromanie. Je me souviens qu'il fut entièrement soulagé de ses premières folies , par un habile chirurgien, qui lui fit prendre du vin mixtionné d'une quintessence d'ellebore, pendant qu'il étoit à souper chez Bazile. Hé bien, répondit le curé, il faut essayer ce remède dès ce soir. Le bachelier fit aussitôt sa recette, car il avoit eu déjà la précaution d'acheter une dose de la drogue en question. Ces trois amis, espérant par-là venir à bout de leur dessein, se séparèrent en se promettant de se rejoindre après le spectacle.

CHAPITRE XLI.

Le dénouement. Seconde apparition de la sagesse à don Quichotte. Il se dispose à quitter la France. Satisfaction que lui témoignent ses amis. Leur commun accord.

Après le spectacle, nos trois amis s'étant rendus à l'hôtel du grand-veneur, y virent don Quichotte aussi tranquille que s'il eût prétendu à la main de l'héritière présomptive d'une grande principauté. Hé bien, lui dit don Cérano, avez-vous entendu parler de madame la comtesse? Oui, répondit don Quichotte, il est sûr qu'elle s'est absentée tout le jour, pour une affaire qui demandoit sa présence, mais je la verrai demain; elle m'a laissé une lettre qui me donne l'heure où je pourrai la trouver chez elle. Don Cérano souriant se contenta de fixer Samson Carasco, en lui faisant signe qu'il n'y avoit pas de temps à perdre. Le souper fut alors servi fort à propos : on se mit à table, et le bachelier ne manqua pas de servir d'échanson au grand-veneur, qui buvoit à longs traits la liqueur qui devoit enfin le rendre pour la seconde fois à son bon sens. Avant même que l'on s'apperçut de l'effet de ce remède il disoit mille impertinences, en invectivant les membres de la noblesse qui tenoient au tiers-état. Ami Sancho, disoit-il, je n'entends plus que ma porte soit ou-

verte aux partisans de la roture ; je
ne serai jamais visible pour aucun individu, à moins qu'il ne soit gentilhomme d'effet et de nom. Don Noëmi
Lopez de Mandone, mon cousin futur,
seroit scandalisé, s'il me voyoit fré-
quenter des hommes de néant.—Mais,
monseigneur, n'exceptez-vous point
vos amis qui sont ici. — Non, non, je
n'ai plus d'amis de cette espèce. Que
te semble de la couronne que je porte,
n'est-ce pas qu'elle me va bien ?-Holà !
mes gardes, à moi, à moi... Chassez-
moi ce tiers-état qui m'attaque dans
mes retranchemens... Le bon Dieu me
pardonne, dit Sancho, je crois qu'il
bat la campagne. Patience, monseigneur, patience, nous allons chasser
tout ce monde. — A la bonne heure,
sans quoi je le force de sortir à main
armée... entendez-vous, M. de Pimpi-
gnon ? Regardez tous ceux qui n'appro-
cheront pas de mon excellence, comme

des insectes à écraser sous le pied. Tels étoient ses propos insensés. Cependant on s'apperçut qu'il s'étoit assoupi; on le transporta donc dans sa chambre, et bientôt il fut enseveli dans un profond sommeil.

Pour cette fois on n'administra pas le spécifique à Sancho; on ne craignoit pas que sa noblesse lui fît perdre la raison. Tantôt il étoit noble, tantôt roturier, suivant les bons ou mauvais quarts-d'heure qu'il passoit; mais son petit héritage n'étoit pas engagé. Nos trois amis voyoient toujours avec plaisir, que la nuit suivante seroit aussi profitable à don Quichotte, qu'elle pourroit par la suite servir d'exemple à tous les gentilshommes follement entichés de leurs parchemins; et sans pousser la veillée plus loin, ils allèrent aussitôt se reposer des peines que leur ami commun venoit de leur faire éprouver.

Sancho n'avoit point dormi ; il s'é-
toit inquiété de son cher compagnon.
Sur les huit heures du matin, il entra
dans sa chambre et lui demanda des
nouvelles de sa santé. Elle ne sauroit
être meilleure, mon ami, lui répondit
le grand-veneur ; je n'ai jamais eu un
sommeil plus doux, à la réserve qu'il
a été interrompu sur la fin, fort avan-
tageusement pour moi. O mon ami !
nous avons encore donné dans de
grands écarts, en regardant la noblesse
comme étant le souverain bien ici-bas.
Je reconnois pour la seconde fois de
ma vie, à quel point l'homme peut
abuser de sa raison. Mon entêtement
est la cause de ma ruine, et si la Providence qui veille sur tous les malheureux, ne vient à mon secours ; je ne
pourrai me relever du tort que je me
suis fait à moi-même, et peut-être aux
autres, par le mauvais exemple que je
leur ai donné. Sache donc que la déesse

de la Sagesse m'est encore apparue
cette nuit. Bon, répliqua Sancho, je
baise les mains à cette bonne dame,
elle s'appelle Minerve autant qu'il
m'en souvient : c'est elle qui vous a
si bien lavé la tête, à la fin de vos
premières courses ; à mon avis elle
vaut mieux toute seule, qu'un million
de comtesses. Je me rappelle même
que vous m'avez rapporté ce qu'elle
vous dit, dans la salle où nous étions
couchés, vous dans un bon lit et moi
sur le plancher. — Oui, mon ami, c'est
elle-même ; voici le langage qu'elle
m'a tenu.

« Naturellement touché de commi-
» sération, je reviens à toi, trop bon et
» trop loyal Quexada. Reçois donc
» les nouveaux reproches que tu mé-
» rites, puisque tu n'as su profiter des
» bons conseils que je t'avois donnés.
» Bien loin de vivre en homme sage,
» après tes premières folies ; ton ame

» s'est laissée dominer par les préju-
» gés de la naissance qui t'ont rendu le
» plus orgueilleux, comme le plus
» insensé des hommes. Quels grands
» avantages as-tu donc retirés de ton
» entêtement inoui pour tout ce qui
» tient à la noblesse ? aucuns sans
» doute, puisque tu n'es pas devenu
» meilleur. Au contraire un délire in-
» concevable t'a porté à soutenir
» qu'hors la noblesse, il n'y avoit
» point de bonheur sur la terre,
» comme s'il pouvoit y avoir ici-bas
» de véritable félicité sans la vertu.
» Apprends que cette fille du ciel est
» de tous les états et de tous les lieux ;
» que le berger dans sa cabane et le
» monarque dans son palais, peuvent
» également l'acquérir, et que c'est
» par elle qu'ils peuvent aller de pair,
» sur-tout à mes yeux. Jette un regard
» sur toi-même : à qui dois-tu la ruine
» de ta maison, la négligence absolue

» de tes devoirs de citoyen, si ce n'est
» à tes dernières extravagances. C'est
» à ta morgue, à ta fierté que tu de-
» vras la honte et l'humiliation d'être
» encore la risée de tes concitoyens,
» et peut-être des nations voisines.
» Cependant sans moi tu ne serois
» plus vivant: dans ton aventure par
» exemple, où ta manie te faisoit
» prendre un fou pour un roi, n'étois-
» tu pas exterminé si je ne t'eusse pas
» couvert de mon égide? ce trait suf-
» fira; il me seroit trop long de te citer
» les occasions fréquentes où tes jours
» ont été gardés par mes soins mater-
» nels; un mot et je finis : Rappelle-
» toi donc que la noblesse n'est autre
» chose que les bonnes qualités du
» cœur et de l'esprit; que dans un état
» il n'y a de grands, que les chefs qui
» jouissent d'une considération bien
» méritée, tant par leur désintéresse-
» ment, que par leur zèle à contri-

» buer au bonheur de tous, et qu’en-
» fin ce n’est plus par tes aïeux que
» tu dois prouver ce que tu es, ce
» que tu dois être, et ce que tu seras
» un jour. Va, mon fils, retourne dans
» ton pays natal, vis en paix et n’abuse
» pas davantage de ma complaisance».

Je lui ai répondu que ma vie seroit
désormais digne d’exemple, et qu’elle
n’auroit plus qu’à se louer de ma soumission à ses avis salutaires. Pardi,
répartit Sancho, je me suis bien douté
que le nouveau genre de vie que nous
avions embrassé, ne nous promettoit
point poires molles; la principale pièce
du sac est d’avoir la paix dans ce monde,
et devant Dieu soit mon ame, nous
n’avons eu depuis trois ans que des
journées de malencontre, et pour qui,
s’il vous plaît? pour des godelureaux
galonnés, de francs aigrefins qui ne
demandoient que plaie et bosse, pour
des coureuses qui nous ont tiré jus-

qu'au dernier sou du gousset; et je crois bien que ma chère femme sort de cette maudite engeance, car elle en a, par ma foi, toute l'encolure. Allons, retournons chez nous, je le veux : nous avons pris S. Pierre pour S. Paul ; ne faisons plus comme ceux qui vont et viennent comme pois en pot. Décidons-nous donc à rester au gîte jusqu'à ce qu'on nous en sorte par la tête et les pieds ; ne tirons plus notre poudre aux moineaux. Holà ! s'écria-t-il, don Cérano, venez vîte et voyez merveille.

A cet avertissement, ce seigneur et ses trois confidens, ne firent qu'un saut de l'appartement où ils étoient à la chambre de don Quichotte. Pardon, mes amis, leur dit sa seigneurie, si je vous ai paru trop vain et trop fier : il s'est fait cette nuit dans tout mon être un changement total, grace à la sagesse ; je pense mieux de l'humanité, et j'estime que c'est une grande folie de se croire au-dessus des autres par sa naissance. J'abjure donc toutes mes erreurs, et vous ne verrez plus en moi qu'un tendre ami qui n'estimera plus les hommes par leurs folles prétentions, mais bien par leurs bonnes qualités. Je me suis bien attendu, répondit don Cérano, que la réflexion vous ouvriroit les yeux sur votre situation présente. L'homme seroit trop malheureux, s'il n'avoit aucun retour sur lui-même; mais parfois il sait mettre à profit les inspirations divines; il évite par-là le désespoir d'une vie continuellement agitée de remords. Ah! mon ami, lui répliqua don Quichotte, il est vrai que j'ai lieu de me repentir d'avoir si mal employé mon temps, ma fortune est épuisée et je puis dire que je suis à l'aumône.—Non, non, seigneur, vous n'êtes pas à l'aumône : voici les bijoux que vous aviez confiés à don Lopez, je vous les remets. — O ciel!

dit don Quichotte, comment avez-vous pu me les sauver? — J'ai fait courir après le voleur qui s'étant pressé de fuir, n'a pas eu le temps d'emporter ses effets, parmi lesquels s'est trouvé votre écrin. — Recevez mes remercie-mens, cher parent, et pensons à payer les dettes qui seront en mon pouvoir; nous quitterons ensuite la France, sous condition que vous voudrez bien nous suivre. — Oui, répondit don Cé-rano, quoi qu'on en dise, la vie cham-pêtre a des attraits que l'on ne trouve pas dans le séjour tumultueux des grandes cités.

Dès-lors nos six compatriotes par-lèrent sincèrement d'abandonner un pays où la révolution déjà commencée sembloit annoncer de violens orages. Ils arrêtèrent donc le jour de leur dé-part, après toutefois qu'ils eurent célé-bré par un festin l'heureuse conver-sion du seigneur Quexada.

CHAPITRE XLII.

Par quel moyen don Quichotte paie ses dettes. Son départ pour l'Espagne. Son arrivée dans son village. Sa mort et celle de son fidèle compagnon.

LE bon curé qui étoit venu au secours de don Quichotte, avoit pensé à lui rendre un service essentiel. C'étoit de trouver le moyen de lui faire acquitter ses dettes avant son départ; et voilà comment il s'y prit. Il intéressa l'ambassadeur d'Espagne en faveur de son ami qui fut si bien servi, que le ministre des finances de sa majesté catholique répondit courier pour courier, en envoyant les fonds nécessaires à cet acquit. Le seigneur Quexada paya donc toutes ses dettes ou plutôt ses fólies. Il ne manqua pas non plus de retirer son titre de propriété, que l'on sait avoir été mis en main tierce.

On n'aura pas de peine à croire, que ce seigneur avoit contracté une dette de deux cent soixante mille livres, dans l'espace de trois ans; car il étoit entouré de filoux les plus retors qui fussent à Paris; les marquis, les ducs, les comtes vrais ou supposés, contribuèrent à sa ruine. Ils cessèrent pourtant de le visiter, dès qu'ils apprirent l'arrivée des trois honnêtes Espagnols qui avoient eu de la compassion pour lui. Depuis ce temps on n'entendit plus parler des Cornuailles, des Brettencour, des Finetouche et des Trognac; ils disparurent tous comme s'ils eussent été rayés de la liste des vivans.

La veille de leur départ, les cinq amis virent avec beaucoup de satisfaction, que don Quichotte étoit tellement guéri de sa manie, qu'il brûla

son livre de blazon, et qu'il crut inutile
de remporter avec lui tous les portraits
enfumés de ses ancêtres. Il se réserva
simplement le sien et celui de son bi-
saïeul. Quant aux autres, il fit entendre
qu'il pourroit plutôt les conserver par
un respectueux souvenir pour sa famille, que par ostentation ; mais qu'ils
lui coûteroient plus de transport qu'ils
ne valoient. Il garda aussi ses titres de
noblesse, pour ne pas trop heurter de
front, les préjugés de sa nation, qu'il
ne prévoyoit pas devoir sitôt s'élever
à ce haut point de philosophie, qui
rendoit à l'homme tous ses droits ci-
vils.

Sur la fin du souper, il parloit à sa
compagnie du repos dont il alloit jouir.
Messieurs, disoit-il, le temps de penser
au solide est arrivé ; retournons dans
nos foyers, c'est là que nous trouve-
rons ce que l'homme cherche long-
temps en vain, je veux dire le bonheur.

Eh ! quoi de plus heureux, que de
cultiver le champ de ses pères ? la joie,
la santé, une bonne conscience, des
secours donnés généreusement à l'in-
fortuné, feront nos biens et nos grandeurs ; le riant aspect d'un beau jour,
le doux parfum des fleurs, le chant
des oiseaux, l'agriculture, la pêche
et la chasse feront nos occupations et
nos plaisirs. Vous avez raison, monseigneur, lui répondoit Sancho ; peste
soit de la chienne de vie que l'on mène
ici : les bons y pâtissent pour les méchans ; j'y renonce de grand cœur, car
il m'est avis que les gens nous avale-
roient tout habillés, si nous ne sortions
pas vîtement de ce gouffre. Et des
coups... ah ! pardi on vous en donne
sans compter. Allons, allons, arrive
qui plante, mon paquet est tout fait ;
nous avons donnez du nez en terre et
dieu merci nous nous sommes relevés
sur nos pieds ; adieu encore une fois

et pour toujours; adieu donc les châteaux, adieu les palais, adieu les courtisans, adieu les protecteurs, adieu les protégés, adieu les vicomtés, adieu les capitaineries , adieu ma coquine de femme que je donne à Belzébut; je vous campe tous là comme une chose perdue.

Nos deux héros chantoient ainsi la palinodie. Le pays des chimères ne les tentoit plus ; ils alloient habiter le jardin d'Eden. Leurs amis s'amusoient autant des bons mots de Sancho, qu'ils étoient charmés des nobles sentimens du chevalier; ils auroient volontiers passé une partie de la nuit à les écouter; mais don Cérano pensant qu'ils devoient être sur pied dès l'aurore, observa qu'il étoit temps de se coucher; ce qui fut suivi de concert.

Sancho se leva donc au point du jour. Chargé d'éveiller ses compagnons de voyage, et d'aviser à ce que tout

fût prêt à l'heure du départ. Il ne s'étoit
pas oublié lui-même, car non content
des provisions dont il avoit rempli son
ventre et ses poches, il avoit un bissac
de réserve, qu'il avoit mis dans un
lieu sûr, en cas que son petit estomac
vint à lui manquer jusqu'à la dînée.
Enfin le premier septembre de l'an
1790, à six heures du matin, la joyeuse
bande sortit hors de Paris, dans une
diligence qu'elle avoit louée pour elle
seule. Je ne puis rapporter ce qui se
passa dans le cours de son voyage; aucun journal n'a pu me donner de ren-
seignemens là-dessus. J'ai appris seulement qu'elle s'étoit rendue saine et
sauve en Espagne, et que don Quichotte avoit célébré son retour par
une fête qui avoit duré huit jours.

Je sais de plus, que ce seigneur
s'étoit assez bien porté pendant trois
mois; mais que les exercices violens
qu'il avoit pris, et les peines sans

Tome III.   P

nombre qu'il avoit essuyées, lui avoient si fort affoibli le tempérament, qu'il fut atteint d'une maladie mortelle. Entouré de sa nièce et de ses amis qui pleuroient à chaudes larmes, il ranima ses forces et leur dit avant d'expirer :

« O mes amis! mes chers amis! me
» voici parvenu au moment redou-
» table, où l'homme ne se fait plus
» d'illusions; il est son propre juge,
» comme ayant une parfaite connois-
» sance de soi-même : il ne peut plus
» se dissimuler ses crimes ou ses er-
» reurs.

« Vous m'avez vu d'abord courant
» le monde, en paladin qui a perdu le
» sens et la raison; je devois ce mal-
» heur à des lectures frivoles : vous
» m'avez vu ensuite par une folie plus
» étrange, mépriser mes semblables.
» Des préjugés de l'enfance m'avoient
» fasciné les yeux sur ma nature : Eh !
» quel droit avois-je de me prévaloir

» de mes aïeux ! moi, qui n'ai pas été
» formé d'un autre limon que celui
» dont le créateur s'est servi pour tous
» sans distinction !

« J'avois oublié que nous venons
» au monde absolument nuds, et que
» nous en sortons nuds : j'avois ou-
» blié qu'en rendant le dernier souffle
» divin qui nous anime, nous n'avions
» plus qu'une misérable enveloppe
» qui se consume peu à peu, et qui
» bientôt n'est plus rien.

» O vous ! que j'aime tendrement !
» croyez que je suis convaincu de cette
» grande vérité : que les hommes su-
» périeurs en mérite, sont les seuls
» que nous devons distinguer parmi
» la foule.

» Pardon des peines et des chagrins
» que je vous ai donnés ; vous avez été
» la cause que je suis revenu de mes
» égaremens : c'est à vous que je dois
» la tranquillité de ma dernière heure;

» mon ame en est attendrie. Hélas!
» elle n'a pas assez de force, pour vous
» en témoigner toute sa reconnois-
» sance ! mais je meurs avec la satis-
» faction peu commune, d'avoir connu
» la douce amitié. Que le ciel vous
» conserve pour servir d'exemple aux
» hommes !

« Oui, mes amis, je meurs tranquille.
» Bien différent des esprits forts et de
» ces philosophes audacieux qui se
» mêlent de réformer les décrets du
» Très-Haut ; je m'honore de mourir
» en vrai chrétien. Je suis attaché à
» ma religion, à cette religion, dont
» j'ai trop négligé les préceptes divins.
» Si j'eusse pratiqué l'humilité qu'elle
» nous enseigne, j'aurois été moins
» orgueilleux, les grandeurs de ce
» monde m'auroient paru bien vaines;
» au lieu d'envier des richesses péris-
» sables, j'aurois préféré de vivre en
» simple particulier, que la pratique

» du bien rend souverainement heu-
» reux. Mais j'espère que le Dieu de
» paix dont j'implore aujourd'hui la
» clémence, oubliera mes foiblesses
» passées et qu'il me recevra dans son
» sein paternel. Priez pour moi; l'es-
» poir de nous retrouver un jour, me
» sert de consolation en vous quittant.
» O vanité des vanités! tout est va-
» nité ».

Ainsi mourut à l'âge de cinquante-
sept ans révolus, la fleur des chevaliers
errans, le plus fou, et grace à la Sagesse le plus sensé des gentilshommes.
Don Cérano lui composa cette épitaphe qui fut gravée sur son tombeau.

Ci-gît un bon seigneur,
Qui, trop souvent pour lui, déserta son hameau :
Passant, qui que tu sois, manant, noble ou bédeau,
Si tu n'es pas meilleur ;
Je te conseille, ami, prends ceci pour adage :
Qui vit en insensé peut décéder en sage.

Sancho s'étoit bien consolé d'avoir perdu sa femme et son ami ; mais il fut si frappé de la mort de son grison, qu'il ne put survivre à sa douleur. Un plaisant lui fit aussi l'épitaphe suivante :

Ci-gît Sancho, qui jusques à sa fin,
Mangeoit toujours en attendant la faim :
Au demeurant sensible étoit son ame ;
Par-dessus tout, il chérissoit son âne.

FIN.